# 史懷哲自傳

## 我的生活與思想

## Aus Meinem Leben und Denken



阿爾伯特．史懷哲——著　　鐘寶珍——譯
Albert Schweitzer

# 目錄
CONTENT

前言……4
一、童年與求學歲月……5
二、巴黎與柏林：一八九八～一八九九年……23
三、史特拉斯堡的早年歲月……33
四、聖餐儀式與耶穌生平的研究：一九〇〇～一九〇二年……43
五、任教於大學：《耶穌生平研究史》……57
六、歷史上的耶穌與今日基督教……69
七、我關於巴哈的法文與德文著作……81
八、管風琴與管風琴的製造……95
九、決心成為叢林醫生……113
十、習醫歲月：一九〇五～一九一二年……131
十一、出發到非洲之前……147
十二、習醫時期的學術工作……155

十三、首次的非洲行：一九一三～一九一七年 …… 179
十四、加瑞松與聖雷米：俘虜營的生活 …… 209
十五、重返阿爾薩斯 …… 223
十六、助理醫生與牧師 …… 231
十七、非洲回憶錄 …… 239
十八、在根斯巴赫及旅途中 …… 249
十九、重返非洲：一九二四～一九二七年 …… 261
二十、在歐洲的兩年與三度赴非 …… 271
結語 …… 281
史懷哲年表 …… 309
史懷哲作品一覽 …… 314

# 前言

一九二九年，我在菲力克斯・麥納（Felix Meiner）出版社出版的《自我表述的當代哲學》第七卷裡，以四十二頁的篇幅敘述了自己學術工作的展開與內容。該書同時也收錄了來自耶拿的包赫（Bauch）、米蘭的吉米立（Gemelli）、烏普薩拉的赫格斯東（Hägerström）以及布拉格的奧斯卡・克勞斯（Oskar Kraus）等人親述的文章。

那本書屬於專業內容的合集，原本就是以對此內容感興趣的讀者為對象，可是在成書出版時，卻經常遭到某種程度的誤解，好像它不僅要、也應該要提供有關我的人生與想法的相關訊息。因此為了排除這種誤解，我決定把那篇文章寫得更完整，使它不僅涵蓋我的學術工作內容，也能大致描繪我的人生以及我對生命的思索。

阿爾伯特・史懷哲

一九三一年七月十三日，於非洲蘭巴雷內（Lambarene）

# 一、童年與求學歲月

一八七五年一月十四日，我出生在上阿爾薩斯的凱塞斯貝格（Kaysersberg），在家中排行老二。我的父親路德維希・史懷哲在這個以天主教信仰為主的小教區裡擔任代理牧師，服務一小群新教徒。至於祖父，則是在下阿爾薩斯法芬霍芬（Pfaffenhofen）當學校老師兼管風琴手，他的三個兄弟也全都是同行。我的母親阿黛兒也是來自牧師家庭，原姓席林恩，故鄉在上阿爾薩斯明斯特谷地的穆爾巴赫（Mühlbach）。

在我出生幾個星期後，父親帶著全家搬到了明斯特谷地裡的根斯巴赫（Günsbach）。我和三個姐妹和一個弟弟在那裡度過了一段非常快樂的童年。那段歲月裡唯一的陰影，是父親身體欠安，經常生病。不過幸好他的健康狀況後來有所改善，即便第一次世界大戰時已經七十幾歲了，都還能身體硬朗地照料他的教區；當時，從佛日山脈高地射向谷地的法軍砲火，甚至在根斯巴赫造成了部分房舍的損壞與居民的傷亡。父親在一九二五年高齡去世，母親則因一場意外已先於一九一六年不幸身亡——她在根斯巴赫和威爾（Weier）之間的道路上遭到騎兵隊的衝撞。

五歲時，父親開始用外祖父留下的那台古老的方形鋼琴教我彈琴。他的琴藝其實並不特別高超，但即興彈來卻極為悅耳動聽。所以當七歲的我，以自創的和弦在學校的風琴上彈出聖歌曲調時，讓老師嚇了一大跳。到了八歲，連腳都還踩不到踏瓣，我就開始彈起了管風琴。我想我從外祖父那裡繼承了他對管風琴的熱情吧，他不僅對彈琴與製造琴很熱衷，據母親說，他的即興演奏也相當精彩。不管到哪個城鎮，他總會特別去了解當地的管風琴。當琉森大教堂在搭建它那座著名的管風琴時，他還特地跑去參觀那些師傅怎麼施工的。

九歲時，我第一次被允許替代教堂原本的管風琴手，能在做禮拜時演奏。

一八八四年秋天以前，我都在根斯巴赫村子裡的小學上學。之後到明斯特（Münster）唸了一年的實科中學（以實用課程為主，不需學習古典語文），在那裡，我同時也透過課後的拉丁文課程，為銜接普通高中的二年級做準備。然後，隔年秋天，我便轉到位在阿爾薩斯慕爾豪森（Mülhausen）的文理中學就讀。我的教父好意收留了我，他是祖父的繼兄，也叫路德維希·史懷哲，是當地小學的校長。否則單靠父親當牧師的微薄收入來養活一家，幾乎不可能讓我去上普通高中。

這位叔公與妻子膝下無子，他們對我的嚴格管教讓我受益無窮。每當回想起他們對我的好，心裡總是懷著深深的謝意。

就讀小學與實科中學時，我儘管在閱讀和寫作上有些吃力，成績總算還過得去。然而，剛進普通高中時，情況卻糟透了。追根究柢，問題不只出在我的因循怠惰或愛做白日夢，也在於我那靠課後加強的拉丁文基礎，其實根本應付不了第五年級的功課。一直要到我第四年級[1]的導師威曼博士引導我正確的學習方法並給我自信心之後，情況才有所改善。我在剛上過他幾天的課後就體認到，這位老師備課非常認真，每節課都盡心盡力，這點對我的影響尤其深遠；在我心目中，他成了善盡職責的典範。後來我總是會回去造訪他，然而當我在大戰結束前後那段時間回到史特拉斯堡——也就是他最後所住的地方——並向人問起他時，才知道他在動亂饑饉之中精神受創導致異常，已尋短離開人世了。

我在慕爾豪森的音樂老師則是尤金．孟許（Eugen Münch）。年紀輕輕的他，是當地改革教派聖史蒂芬斯教堂的管風琴手，也剛從柏林音樂學院畢業過來，並深受那裡當時正興起的巴哈熱潮的洗禮。我能夠及早熟悉這位萊比錫聖多瑪斯教堂唱詩班指揮的作品，並從十五歲起就接受紮實的管風琴指導課程，完全都得感謝他。一八九八年秋天，當他因感染風寒而不幸英年早逝時，我在一篇以法文撰寫的短文中曾描繪他的身影，以茲追悼。這篇文章後來在慕爾豪森被發表，那是

1 譯註：德國傳統文理中學分為一到六級，第一級為最高年級。

第一次，有人把我所寫的東西印出來。[2]

中學時，我最感興趣的科目是歷史與自然科學。我們的歷史老師是考夫曼（Kaufmann）博士，他與那個來自布雷斯勞（Breslau）的歷史學家是兄弟。而福斯特（Förster）博士，也就是我們的自然科學老師，他上課可以說真是精彩無比。

至於語文和數學這兩科，我就得下很大的功夫才能看到一點成績。不過隨著時間過去，我反倒被激發出一種決心，想去克服那些我並不特別有天分的科目；於是到高年級時，雖然還算不上是最頂尖的學生，卻也總在成績優秀者之列了。在寫作上，假若我沒記錯的話，倒是經常拿第一的。

到了最高年級時，擔任我們拉丁文課與希臘文課教師的是校長。來自呂北克的威翰·迪克（Wilhelm Deeke）校長，不僅學識豐富，才能也傑出。他從不以語言學家枯燥乏味的身分在上課，而是讓我們熟悉古典哲學內涵的同時，也能夠把眼光放在當代的新思潮。他非常熱衷於叔本華，可說是他忠實的追隨者。

一八九三年六月十八日，我通過了畢業考試。筆試成績並不算特別出色，寫

2 收錄於《尤金·孟許》（一八九八年，Brinkmann 出版，慕爾豪森，亞爾薩斯），共二十八頁。未署名。

作也差強人意。不過口試時，我對歷史的認識與評論引起了考試委員會主席的注意。那是從史特勞斯堡來的督學亞伯瑞希特（Albrecht）博士，他在我的歷史考核上特別標註並附上說明的評語「相當優異」，為我平凡無奇的畢業成績單增添了亮點。

同年十月，因為在巴黎定居經商的伯父慷慨贊助，我得以親炙巴黎管風琴大師查爾斯・馬利・魏多（Charles Marie Widor）的管風琴課。也因為我在慕爾豪森的老師教導有方，魏多在聽過我的彈奏後決定收我為徒，否則他通常只教音樂學院管風琴班的學生。他的課程對我有關鍵性的意義，在他引導之下，我的技巧更加精進紮實，也更努力追求盡善盡美、生動立體的演奏藝術。在此同時，他也讓音樂結構的重要性開始在我心中萌芽。

* * *

一八九三年十月底，我進入史特拉斯堡大學就讀，並住在附屬於聖多瑪斯教堂的神學院宿舍裡（威廉學院）。當時的院長是學識淵博的亞佛列德・艾瑞森（Alfred Erichson）教士，正忙著完成一大部喀爾文作品集的編纂工作。

此時的史特拉斯堡大學正值全盛時期，不論教師或學生皆不受制於傳統，企圖實踐身為新時代高等教育學院的典範。尤其在教師群中很少那種老態龍鍾的教授，校園裡到處充滿清新的朝氣，青春煥發。

我同時選修了神學與哲學系的課程。然而，因為中學時只學過一點基礎的希伯來文，後來準備希伯來文能力檢測時，幾乎毀掉了我的第一學期；還好，經過一番苦讀後，才在一八九四年二月十七日這天驚險過關。這件事讓我的鬥志再度被激發，決心戰勝那些老天沒賜給我的天賦，於是最終紮紮實實地掌握了希伯來文。

希伯來文能力檢測帶給我的煩憂，並沒有阻礙我對學習的熱情與渴望。我也選修了霍茲曼（Heinrich Julius Holtzmann）先生關於「對觀福音」——也就是新約聖經的前三卷《馬太福音》、《馬可福音》和《路加福音》——的講座，以及文德爾班（Wilhelm Windelband）與齊格勒（Theobald Ziegler）先生的哲學史。

一八九四年四月一日，我入伍服役，展開了一年的軍旅生涯。因為一位名叫庫爾的隊長的善意包容，我在平常任務時，幾乎每天都可以在上午十一點到大學講堂去聽文德爾班先生的課。

那年秋天，我到下阿爾薩斯的霍賀費爾登（Hochfelden）演習時，把希臘文聖經也打包進行囊裡。當時，神學院的學生若想申請獎學金，得在冬季學期開課時先通過三個科目的考試，不過如果正在服兵役，只要通過一科即可，我選擇的就是對觀福音。

因為不希望到時候這個科目的成績太難看，讓自己在極為敬重的霍茲曼先生面前丟臉，我才會連去演習時都把希臘文新約聖經帶著。那時的我身強體壯，根本不知疲累為何物，所以連晚上和休假時都孜孜不倦、用功勤讀。暑假時，我已仔細鑽研過霍茲曼先生的註解本，而後我開始想多了解原文，順便檢視自己從註解本和講堂上學到了什麼，但是在那過程中，某些地方卻讓我覺得奇怪。霍茲曼讓「馬可居先假說」——也就是主張馬可福音最古老，是馬太與路加福音的基礎的理論——在學術界廣獲認可，以此似乎也證明了一點：只要透過馬可福音便足以了解耶穌的生平事蹟。然而，某個休假日，當我在古根漢村讀著馬太福音的第十和第十一章，注意到這部分內容所指涉的涵義僅見於此，而並不存在於馬可福音中，驚訝之餘，對上面這個結論也深感困惑。

馬太福音第十章，記載著耶穌選派十二位門徒外出宣揚福音。祂在與門徒的話別中，宣告了他們即將遭受嚴厲的迫害。不過後來什麼事都沒發生。

耶穌也向門徒宣布，在他們行遍以色列大小城邑之前，「人子」會降臨；而這無非意謂著天國，也就是彌賽亞之國即將來到。因此耶穌根本不預期他們還會回來。

祂的話後來並沒有成真，可是，耶穌怎麼會讓自己的門徒去期待那些沒發生的事呢？

霍茲曼解釋說，福音所記載的並非歷史上耶穌的真實談話，而是後人從各方蒐集「耶穌語錄」編纂而成。我對這樣的說法並不滿意，因為即使如此，後人應該也不致於想無故捏造，讓耶穌說出未能實現的空話。

福音中簡明有力的文字讓我不得不假定，耶穌確實曾預言門徒將遭受迫害，來自天國的人子也會隨後降臨，即使接下來發生的事並未印證祂的預言。不過，耶穌為何會有這樣的預期？當事情出乎意料之外時，對祂又是何種體驗？

至於馬太福音第十一章記載的，則是施洗者約翰對耶穌的提問及耶穌的答覆。同樣，這裡我也認為霍茲曼與一般釋經者整體而言對經文奧義的詮釋並不完整。當施洗者約翰問耶穌是否就是那個「將要到來之人」時，指的到底是誰？所謂的「將要到來之人」真的就完全只能理解為彌賽亞嗎？對此我非常納悶。根據晚期猶太教對彌賽亞的信仰，在彌賽亞來臨之前會有個開路先驅，也就是復活了的以利亞。當耶穌告訴祂的門徒（馬太福音第十一章一四節）施洗約翰本人就是以利亞時，也是用「將要到來之人」一詞來描述大家所期待的以利亞。所以，我的結論是：施洗約翰對耶穌提問時所提到「將要到來之人」，其實指涉著同樣的涵義。他差遣學生到耶穌面前提出的問題，並非想知道耶穌是否為彌賽亞，而是想從祂口中得知，祂是否為眾人引頸期盼的彌賽亞之先驅以利亞——儘管對我們而言，這可能有點奇怪。

不過，耶穌為什麼不明確回答約翰的問題呢？認為耶穌之所以顧左右而言他是想試驗約翰的信心，是一種找不到答案只能退求其次的說法，傳遞這樣的訊息讓許多布道變得很糟。如果把耶穌不置可否的態度，看成是因為祂還不想公開自我認定的身分，事情或許會簡單得多。從各方面來看，施洗約翰提問的故事都證明了當時耶穌的信徒中，並沒有人把祂當彌賽亞看待。假若耶穌不管如何都已被視為彌賽亞，約翰的問題一定會帶有這層涵義。

對於另一段耶穌在約翰的差使離開之後所說的話，我也極渴望能有新的詮釋。耶穌對眾人說：「凡婦人所生者，無人大過施洗約翰；然而凡在天國者，即使是最小的都比他還大。」（馬太福音第十一章一一節）

一般都把這段話解釋為：耶穌所言對施洗約翰有所貶抑，並把他的地位放在那些以天國成員身分聚集在自己身邊的信徒之下。但是在我眼中，這樣的說法既庸俗不當且令人無法接受，畢竟這些信徒也都是婦人所生。在排除這種論調的同時，我的看法其實更傾向於：耶穌在比較施洗約翰與天國成員時，將自然世界與超自然的彌賽亞世界之間的差異列入了考量。作為經由出生而來到世間的人，施洗約翰是所有活過的人當中最偉大的。然而天國的成員已不再是自然人，而是在彌賽亞的國度展開時，經歷過一種進入超自然的、等同於天使狀態的轉化。也因為他們已是超越自然的存在，即使是他們當中最地位最低者，也要比自然世界中曾出現過的最偉大的人還大。不論崇高或渺小，施洗約翰終將成為天國的一員。而且那種獨一無二、超絕於眾生的偉大，只有在他以自然形態存在時方能擁有。

就這樣，在即將過完自己在大學的頭一年時，我對當時那種所謂的「對耶穌差遣門徒時的言行進行合乎史實的詮釋」困惑不已，接下來更連帶對所謂的「歷史性解讀耶穌生平的觀點」感到懷疑。不過從那次演習完回到家之後，有種全新的視野展開在我眼前。我確信耶穌所預示的國度，並不是要由自己與信徒去建立且實現於真實世界之中，而是與即將到來的超自然世界之時代共同被期待著。

霍茲曼對耶穌生平所主張的觀點，在當時也普遍為批判學派所接受，因此如果我在即將進行的考試裡，向霍茲曼透露我對此有所質疑，自然是太過放肆無禮。不過我也沒機會這樣做，因為向來以和藹可親聞名的霍茲曼，考試時根本完全把我當成是個年輕且學業還備受兵役耽誤的學子那樣寬待。在二十分鐘的測驗中，他只要求我針對聖經前三部福音的內容做概括性的比較。

在接下來幾年的大學生活中，我致力於用自己的方法研究福音中的疑點及與耶穌生平有關的問題，卻也因此經常忽略了其他科目。在這過程中，我越來越肯定打開那些待解謎團的鑰匙，得從我們對以下幾點的詮釋中去尋找：耶穌差遣門徒出發傳道時的談話，身陷囹圄的施洗約翰差人向耶穌的提問，還有那些門徒歸來後耶穌的行為和態度。

德國的大學在學生求學過程中並不會被過度管束，也不像其他國家那樣，會用重重考試將學生逼迫到喘不過氣來。對此我完全心懷感謝，因為這為學生提供了獨立自主研究學問的機會。

當時史特拉斯堡大學神學院的學風非常自由開放，除了霍茲曼之外，剛來到史特拉斯堡的舊約聖經專家布德（Karl Budde）也是我非常喜歡的神學老師。他擅長以簡明但完美的手法呈現學術研究結果，這點讓我尤其中意。上他的課對我而言就像是參加一場藝術的饗宴。此外還有諾瓦克（Wilhelm Nowack），他比布德年長一些，是個才能傑出的學者。費克（Johannes Ficker）與路修斯（Ernst Lucius）則是極為優秀的教會史與教義史老——我的興趣主要是較早期的教義史。教我們教義學的老師則是婁布斯坦（Paul Lobstein），是個立敕爾（Ritschl）

的追隨者。還有一位任教倫理學與教義學、名叫麥爾（Emil Mayer）的年輕教授，學生們特別喜歡他生動有趣的演說。講授實用神學這門課的則是史匹塔（Friedrich Spitta）與史蒙德（Julius Smend），前者同時也教新約聖經。

除了神學之外，我也一直在上哲學方面的課。

至於我旁聽的音樂理論這門課，則是由貝勒曼（Bellermanns）的弟子雅各布斯塔（Jocobsthal）教授。雖然他狹隘地認定只有貝多芬之前的音樂才能稱為藝術，不過你可以從他那裡很紮實地學到真正的對位法。就此而言，我對他感激不盡。

能擔任清唱劇與受難曲的管風琴伴奏，對我是學習音樂的過程中一個莫大的激勵，而這一切都得感謝恩斯特．孟許（Ernst Münch）的信任。他是尤金．孟許（我在慕爾豪森時的管風琴老師）的兄弟，也是史特拉斯堡聖威廉教堂的管風琴手，並在他一手創辦的「巴哈音樂會」裡擔任聖威廉合唱團的指揮。其實一開始我只是在合唱團排練時幫忙代班，正式演出時登場伴奏的還是尤金．孟許。不過很快地，每當尤金沒辦法從慕爾豪森趕來時，我也會正式上場彈奏。於是就這樣，儘管還是年輕學子，我卻已經熟悉巴哈的作品，並有機會實際處理演奏他的清唱劇與受難曲時會碰到的問題。

史特拉斯堡的聖威廉教堂，在當時被視為是十九世紀末興起的那股巴哈熱潮的重要推手之一，而恩斯特．孟許正是這位聖多瑪斯教堂唱詩班指揮作品的行家。一直到當時，人們都還普遍習慣以現代化的手法來重現清唱劇與受難曲，而孟許是最早揚棄這種手法的人之一。在極為優秀的史特拉斯堡管弦樂團伴奏下，他與他採小編制的合唱團追求真正格調優雅的演出。不知有多少夜晚，我們一起就著那些清唱劇與受難曲的總譜圍坐著，專注討論正確的詮釋方式。後來接替恩斯特．孟許擔任這個音樂會指揮的人是他兒子弗利茲．孟許（Fritz Münch），他同時也是史特拉斯堡音樂學院的院長。

我最景仰的音樂家除了巴哈之外，還有華格納。十六歲還在慕爾豪森就讀中學時，生平第一次進歌劇院聽的就是華格納的《唐懷瑟》。那音樂如此震撼人心，我竟然在好幾天之後才有辦法再專心回到學校的功課上。

史特拉斯堡的歌劇院在奧托．婁瑟（Otto Lohse）樂長的領導下成績斐然，於是我有了徹底認識華格納所有作品的機會——當然除了《帕西法爾》之外，這部作品當時只准在拜羅伊特演出。一八九六年，《尼布龍根的指環》這部四聯劇自一八七六年首演之後，終於再度在拜羅伊特進行一次極具紀念性的演出，這對當時也有幸在場的我來說，是個無與倫比的體驗。那些門票是巴黎朋友的贈禮，不過為了攢足旅費，我不得不省吃儉用，一天只吃一頓飯。

如今每當我觀賞一場華格納的歌劇，看著那些花俏的舞台效果如何盡其所能在音樂之外引人注目，彷佛這是一部影片似的，就不免感傷地想起當初在拜羅伊特欣賞《指環》時，那些簡單素樸但效果精彩叫人驚嘆連連的場景。而且不僅是舞台的布景設計，當時的演出也完全忠實反映出已故大師的精神。

因為唱作俱佳而讓我印象最深的，是扮演火神的佛格爾（Vogl）。他從一出場就掌控整個舞台，不著痕跡地吸引全場的注意力。沒有穿著現在演此角色的演員會穿的丑角衣，也沒有在舞台上跟著代表火神的主題節奏滿場飛舞，像今天很流行會做的那些，他身上唯一醒目的裝扮就是那件紅袍，而他唯一跟隨音樂節奏做出的動作，就是好像不由自主地把紅袍時而左肩、時而右肩地反覆甩動。他的目光落在自己周遭的事物上，既凝神注視，卻又游移疏離。透過這點，他表達出自己在那些無知邁向毀滅的眾神中，是一股躁動不安的破壞力量。

＊　＊　＊

在史特拉斯堡的大學生活轉瞬即逝，一八九七年夏天快結束時，我報名參加第一次的神學考試。在所謂的「論文寫作」這部分，我們拿到的主題是：施萊爾馬赫（Schleiermacher）的聖餐禮學說，試與新約聖經及改革教派之論述觀點比較。這個論題是所有報名的考生都會被指派且必須在八星期內完成的任務，也是決定我們之後能不能獲准參加考試的門檻。

這項任務再度把我帶回有關福音與耶穌生平的問題上。為了準備這次考試，我得研讀許多從歷史及從教義上詮釋聖餐禮的論述觀點，這也讓我明白了一點，就是所有對耶穌與門徒之間的這個歷史性聚會及對古基督教聖餐禮開始流傳之意義的詮釋，有多麼令人無法滿意。施萊爾馬赫在他著名的《信仰說》中，有一段關於最後晚餐的註記讓我思考良久。他指出，根據馬太與馬可福音對最後晚餐的記載，耶穌並沒有要求門徒日後得重覆這個晚餐儀式，因此我們很可能得接受這樣的想法，即早期的基督教社會後來會重覆舉行聖餐禮，其實要歸因於那些門徒，而不是耶穌本人。這個施萊爾馬赫以精彩論證提出的想法，雖然在其可能的歷史作用範圍內沒被繼續探索，卻在我完成那篇考試資格論文之後，仍然繼續影響著我。

我告訴自己，兩部最古老的福音都沒有記載再進行晚餐儀式的指示，無非意謂著耶穌的門徒會帶領信徒重覆這個儀式，確實是出於自發與自主。然而他們只會在一種情況下這樣做——如果這是耶穌最後一次的晚餐，那麼這樣做也是合理的，即使沒有耶穌任何言行上的指示。不過既然至今有關聖餐禮的解釋——也就是為什麼儘管當時沒有耶穌的吩咐，早期的基督教社群還是接納了聖餐禮——全都說得不明不白，我也只能做出「這個問題仍有待解答」的結論。於是我繼續探究一種可能性：那次晚餐對耶穌及其門徒的意義，會不會與他們所要慶祝的彌賽亞盛宴——在期盼即將到來的上帝之國度中——有關呢？

# 二、巴黎與柏林：

一八九八～一八九九年

一八九八年五月六日，我通過了第一次的神學考試，也就是所謂的國家考試。雖然已搬出學院宿舍，整個夏天我仍然待在史特拉斯堡，完全沉潛在哲學的世界裡。文德爾班與齊格勒在他們專業領域裡都是箇中翹楚，從教學的角度看，兩位老師彼此更是絕妙的互補。文德爾班的強項是古代哲學，他研討課中關於柏拉圖與亞里斯多德的一些練習，其實是我大學時代最美好的記憶。齊格勒的專長則是倫理學與宗教哲學，他出身於杜賓根新教學院，原為神學家的身分對他在宗教哲學這方面的學識助益匪淺。

因為通過神學考試，我在霍茲曼的推薦下，獲得了由聖多瑪斯教會與神學院共同管理的高爾舍獎學金。金額是每年一千兩百馬克，時間是六年。獲獎者最晚必須在六年內取得史特拉斯堡的準神學博士文憑，否則便得將領到的錢全數歸還。

在諮詢過齊格勒的意見後，我決定先把目標放在哲學博士論文上。記得在學期末的某個下雨天，我們撐傘站在校園的階梯上談話，他建議我以康德的宗教哲學為論文主題，而這個建議深獲我心。之後我在一八九八年十月底前往巴黎，目的是去聽索邦大學的哲學課，並繼續追隨魏多學琴。

在巴黎時我其實不常去聽課。一方面從辦理註冊手續開始，他們那種輕率隨意的調調就讓我有點掃興；另外，在呆板過時的教學規劃之下，即使部分老師極為優秀，也沒辦法真正發揮所長，這點也讓我對索邦失望。這裡沒有像我在史特拉斯堡習慣上的那種長達四、五個小時的整合性課程，教授們所開的課不是跟考試規劃有關，就是完全針對他們各自的專業領域。

偶爾我會到新教神學院（位在亞拉哥大道上）去聽教義學家薩巴蒂爾（Louis Auguste Sabatier）與新約聖經學家梅內哥茲（Louis Eugène Ménégoz）的課。對於這兩位老師，我懷著很高的敬意。不過在巴黎的那個冬天，我的精神主要還是放在藝術及我的博士論文上。

我跟著魏多上管風琴課（如今他是免費教我），還跟即將在音樂學院任教的菲利普學習鋼琴。同時我也拜瑪麗・吉爾陶特曼（Marie Jaëll-Trautmann）為師，她來自阿爾薩斯，才華洋溢，是李斯特的得意門生兼好友。她曾經短暫成為樂壇上最閃耀的那顆星，不過當時已告別演奏舞台，專心於以生理學為基礎研究琴鍵敲擊的原理。在她與生理學家費瑞（Féré）合作的實驗中，我的角色就是那隻受測試的白老鼠。對這位才智超群的女士，我心中有說不盡的感激！

根據她的理論，彈琴時手指必須充分意識到它與琴鍵之間的互動方式。演奏者應該隨時感覺並能掌控自己從肩膀到指尖的肌肉整個繃緊與放鬆的過程，必須學習避免所有不自主與無意識的動作，且放棄純粹只為流暢度而進行的手指練習。每當手指有意做出動作，也必須先想像一下想彈出何種音色。盡可能快且輕地按下琴鍵，可以產生音色飽滿的擊弦。但是手指也必須隨時意識到按下琴鍵後再度彈回的方式。在按鍵與放鍵的過程中，手指會同時微微地圈畫擺動著，或向內（向拇指），或向外（向小指）。透過手指朝同一方向滑動的姿勢連續按下好幾個琴鍵，所發出的連續琴音與和弦便會自然和諧地融為一體。

上述那種單純依順序彈出的連續琴音，會產生一種內在的一致性。然而因手指滑動方向不同所產生的音色，則會在本質上與彼此有所差異。因此經由手指與手掌有意做出的不同動作，就可以讓音色產生變化並讓樂曲形成分句。為了讓手指與琴鍵之間的關係更具意識也更緊密，必須極力培養手指對琴鍵的敏感度。隨著敏感度的增加，演奏者對音色與顏色都會變得更加敏銳。

瑪麗．吉爾認為，透過正確培養手感，即使是沒有音樂天賦的人也能具有音樂才能。她把這個「更靈敏與更具直覺性的手」的理論推展到極致，而那當中其實包含許多正確的觀察。她從鋼琴擊鍵的生理學基礎出發，希望將自己的研究提升為一種有關藝術本質的一般性理論；於是在她對藝術家如何敲擊琴鍵的那些既精準又深入的觀察之外，又添加了某些深奧但有時卻顯得怪異的觀點，這使她的研究沒有得到應有的肯定。

在瑪麗・吉爾的指導下，我完全改變了雙手彈琴的方式。透過實用有效且省時的練習，我越來越懂得掌控自己的手指，這對我在彈奏管風琴上助益極大，對此我對她心懷感激。[3]

至於菲利普比較遵循傳統正軌的鋼琴課程，但是也同樣讓我收獲良多，並使我免於陷入吉爾的方法所帶來的偏狹之中。由於這兩位老師彼此互不認同，所以我得小心翼翼，隱瞞自己也是另一人的學生的事。比較費力的是，早上我得按瑪麗・吉爾，下午得依菲利普的方式彈琴！

瑪麗・吉爾已於一九二五年離世，不過我跟菲利普之間至今仍維持深厚的友誼，一如跟魏多之間一樣。我之所以能認識巴黎當時一大群有趣且卓越的風雅人士，都是拜魏多之賜。他連我的物質生活也關照到了，有時只要他覺得我看似因羞澀而三餐不濟，就會在課堂後帶我到盧森堡附近那家他最愛光顧的弗瓦約餐廳，讓我飽餐一頓。

父親兩位定居在巴黎的兄弟與他們的妻子，也都對我關愛有加。尤其二伯父

3 瑪麗・吉爾是在她以法文寫成的作品《擊鍵》（*Der Anschlag*）第一冊中發展她方法的基本理念。我也以不掛名的方式擔任本書的德文版（Breitkopf&Härtel 出版）翻譯。

查理士是語言學家，在改善現代語言教學方法的研究上頗有聲譽，經由他，我結交了不少大學與教育界的朋友，這也讓巴黎對我而言有了家的感覺。

* * *

不論是藝術或社交活動，都沒防礙我準備博士論文，因為那時我身強體健，即使經常熬夜工作也沒問題。偶爾我甚至還能在徹夜未眠之後的早上到魏多面前彈管風琴。

由於巴黎國家圖書館閱覽室的使用規則繁複無比，幾次證明在那裡查閱有關康德宗教哲學的文獻根本行不通後，我不假思索地決定不再參考那些文獻，只潛心鑽研康德本身的著作，然後再看自己會有怎樣的收穫。

我在閱讀康德著作的過程中，注意到他在語言使用上的變動。舉例來說，在《純粹理性批判》一書的某些有關宗教哲學的段落中，康德批判主義一貫採用的「可理知的」（intelligibel）這個字眼不見了，相對地他用的是更單純一點的「先驗的」（übersinnlich）這個字。於是我回溯了康德所有關於宗教哲學的著作，從頭到尾徹底探尋其中較重要的用語及它們在意義上的可能轉變，並因此得以確定，那一大段有關「純粹理性法則」的內容，不論在用語上或思維上都與《純粹理性批判》這本著作無關，它應該是康德更早的作品。只不過儘管與《純粹理性批判》調性不一，他還是把它放進書中作為宗教哲學這部分內容的結語。我把康德這篇更早的、在前批判時期的作品，稱為「宗教哲學概要」。

後來我又發現，康德根本從未真正執行過他在《純粹理性批判》中的先驗辯證的宗教哲學計畫。他在《實踐理性批判》中提出的有關上帝、自由與不朽此三個宗教哲學基本命題，根本就不是《純粹理性批判》中所揭示的。在《判斷力批判》與《純粹理性範圍內的宗教》的論述中，此三個基本命題也再度被捨棄。而在他之後作品中所出現的思路，又再度回到早期那篇「宗教哲學概要」的論述之中。

也就是說，康德的宗教哲學——一般也喜歡把它看作是上述三個基本命題的宗教哲學——是一直在發展中的。究其原因，是他所提的批判觀念論的預設與道德律的宗教哲學訴求，根本互不相容。對康德而言，批判的宗教哲學與倫理的宗教哲學是並行的，他企圖平衡彼此使其融為一體。在《純粹理性批判》的先驗辯證中，他認為自己可以輕易地使這兩者合而為一；然而他所設想的架構卻證明這是行不通的。因為康德並沒有停留在道德律的概念上，如同將其設定為《純粹理性批判》的先驗辯證之先決條件那樣，而是不斷深化這個概念。但這種深化的道德律概念所提出的宗教訴求，卻超出了康德自己理解中的批判觀念論所能給予的。不僅如此，它所代表的宗教哲學，同時也對最能代表批判觀念論的關鍵訴求失去了興趣。很重要的一點是：在由最深層倫理觀所主導的康德宗教思維中，「不朽」這個命題也失去了重要性。

所以康德沒有堅守立基於批判觀念論的宗教哲學，而是繼續走不斷深化道德律的路線。也因為他想探討得更深，於是在思維上也就沒辦法維持前後一致。

一八九九年三月中旬，我回到了史特拉斯堡，並把完成的論文交到齊格勒面前。他對結果極為肯定，論文口試也排定於七月底進行。

* * *

我在柏林度過了一八九九年的夏天，而且大部分時間都在讀有關哲學的書。我的目標是遍覽古今哲學經典。除此之外，我也去聽哈納克（Harnack）、弗萊德爾（Pfleiderer）、卡夫坦（Kaftan）、包爾生（Paulsen）及齊美爾（Simmel）的課。尤其是齊美爾的課，剛開始我只是偶爾去旁聽，後來就變成固定去了。

至於哈納克，我在史特拉斯堡時就對他的教義史著作極為熱衷，在柏林時雖然經朋友介紹也曾在他家出入，不過真正有聯繫倒是後來的事。我震懾於他知識的淵博與廣泛，以致每當他跟我說話時，都困窘得無法好好回答。後來我收到過一些他寫的明信片，內容既真摯且豐富——明信片是他與人交流的主要方式。一九三〇年，他在寄到蘭巴雷內的兩張明信片裡，詳細論及了我剛出版的書《使徒保羅的神祕主義》，這恐怕是他最後寫的東西了。

我在柏林時，有很多時間是跟史頓普一起度過的。當時他正忙著對聲音敏感度進行心理學研究，這讓我很感興趣。於是我經常參與他跟助手們進行的實驗，就像以前在瑪麗．吉爾那裡一樣，當一隻受測試的白老鼠。

柏林的管風琴手都讓我有點失望——除了艾基迪斯（Egidis）。因為比起真正的演奏風格，他們更看重表面的高超技巧，而前者正是魏多最重視的。而且，相較於巴黎聖許畢斯教堂與聖母院裡由卡瓦葉．科爾（Cavaillé-Colls）製造的琴，柏林這些新管風琴的聲音是多麼吵雜和單調！

透過魏多的引薦，我認識了威廉大帝紀念教堂的管風琴師萊曼教授（Heinrich Reimann）。他允許我經常去彈他的琴，而且指定我擔任他休假時的代理人。因為他的關係，我也認識了一些柏林的音樂家、畫家與雕刻家。

至於柏林學術圈裡的人，我則大多結交於知名古希臘語文學家庫爾丘斯（Ernst Curtius）的遺孀家中。因為認識她的繼子弗利德列希（Friedrich Curtius）——當時擔任科瑪郡郡長——，所以經常受到她熱情的款待。在那裡，我經常與格林（Herman Grimm）聊在一起，而他總是費盡心思想說服我放棄異端邪說，希望我從迷途歸返，只因為我認為第四部福音的呈現方式與前三部並不一致。一直到今天，我都還覺得自己幸運無比，有機會與許多當時柏林精神生活的領袖共處一室直接交流。

比起巴黎，柏林的精神生活對我的影響更加深遠。巴黎這個世界之都的精神生活是破碎分歧的，你得先徹底融入這裡的生活，才有辦法領會其中的價值。相反，柏林的精神生活則擁有一個核心，就是它組織良好且生氣蓬勃有如有機體般的大學。此外，柏林當時還稱不上世界之都，給人的感覺倒更像在各方面都樂觀進取且雄心勃勃的地方大城，它所展現的整體風貌充滿健康正向的自信，對未來命運的走向也有堅定的信心。這是當時的巴黎所欠缺的，那時它處境艱難，正因德雷弗斯一案[4]陷入各種撕裂對立中。因此我可以說是在柏林最美好的時刻認識且愛上了它；而柏林社會簡樸的生活方式，以及那種有利於人融入他人家庭的輕鬆自在感，讓我非常難忘。

4　譯註：發生於一八九四年的政治事件，事件起因為一名猶太裔軍官德雷弗（Alfred Dreyfus）被誤判為叛國，法國社會因此爆發嚴重的衝突與爭議。此案在政治環境變化下經重審，終於一九〇六年獲得平反。

# 三、史特拉斯堡的早年歲月

一八九九年的七月底，我回到史特拉斯堡並取得了博士學位。不過在論文口試中，齊格勒和文德爾班卻一致認為，我的表現不如他們在看過我論文之後的期待。這也難怪，我在史頓普的實驗上花了太多時間，以致沒能好好準備口試；此外因為專注於閱讀康德的原典，我也過度忽略了應該多讀一些教科書。

這本論文也同年出版成書，書名是《康德的宗教哲學：從純粹理性批判到純理性範圍內的宗教》。[5]

在獲得學位後，齊格勒建議我去取得哲學系講師的資格，但是我已經決定要走神學的路了。他其實暗示過，假若真的擔任了哲學講師，人們恐怕不會樂於見到我同時又從事教士的工作。然而傳道對我而言已經成為一種內心的渴望，能夠在每個星期天對人們談論生命存在的最根本問題，我覺得是件非常美妙的事。

從那時候起，我便一直待在史特拉斯堡。雖然不再是學生，我還是獲得允許以校友房客的身分付費住在我喜愛的威廉學院（附屬於聖多瑪斯教堂）宿舍裡。我的房間面向寧靜的花園，園內大樹挺立，學生時代的我曾在這裡過得非常快樂，此時它對我接下來的工作而言，似乎也是最合適的處所。

5 《康德的宗教哲學》，共三二五頁，一八九九年出版（Mohr&Siebeck 出版，杜賓根）。這間知名出版社之所以願意出版我這本篇幅如此有分量的處女作，都得感謝霍茲曼熱心的引薦。

我幾乎是在一完成博士論文印刷版的校對後，就開始著手準備取得神學文憑。我打算盡快拿到文憑，以便把這獎學金名額讓給一位得仰賴贊助才能繼續進修的人。不過這位讓我如此快馬加鞭工作的人，也就是我在閃族語系上極具天份、後來擔任史特拉斯堡基督教中學校長的同學耶格，後來其實並沒有用上這筆獎學金。早知如此，我應該延長自己遊歷的時間，然後也到英國的大學進修。總之當時因為不必要的顧慮而錯失了那些機會，這件事可以說讓我終生扼腕。

一八九九年十二月一日，我在史特拉斯堡聖尼可萊教堂的傳道室獲得了一個職位，一開始是所謂的「實習牧師」，在我通過第二次神學考試之後沒多久，則成為了正式牧師。不過這個由較年長牧師所主導的第二次考試——日期是一九〇〇年七月十五日——，我事實上是驚險過關的。由於那段時間我幾乎全心全意在撰寫神學文憑的論文，於是忽略了得為應考好好複習各門神學知識這件事。至於我之所以不致於鎩羽而歸，都得感謝老牧師威爾的大力支持——我在教義史方面的知識讓他非常高興。而我特別被責備的一點，是對讚美詩歌的作者及其生平知道得太少。雪上加霜的還有這件倒霉事，因為試圖為自己不知道某首讚美詩歌的作者道歉，我說自己以為這首歌並不重要，所以也就沒有記住作者是誰——結果作者是著有《詩篇與豎琴》（*Psalter und Harfe*）歌曲集的知名詩人史彼塔

（Spitta）。平常也是史彼塔仰慕者的我，不幸在眾人的驚愕中搬出這套說辭，而且是當著弗利德列希．史彼塔（Friedrich Spitta）教授的面——他是史彼塔的兒子，代表神學院也列席在考試委員會裡。

聖尼可萊教堂有兩位上了年級但身體仍極為硬朗的老牧師，一位是克尼特（Knittel）先生，曾經擔任根斯巴赫的牧師，是父親的老前輩之一；另一位傑羅德（Gerold）先生，則是舅舅的摯友。舅舅也曾是聖尼可萊教堂的牧師，只可惜英年早逝。我在這裡被指派的主要任務，就是接手這兩位主持下午的禮拜儀式、每週日的兒童主日學及宗教課。這些落在我身上的工作，對我而言是種恆常的喜樂泉源。下午的禮拜通常只有非常虔誠的一小群人在場，我可以採用承襲自父親的那種較親密的交流方式來布道，因此效果遠比早上的禮拜來得好。一直到今天，我在人數較多的聽眾面前，仍舊擺脫不了某種拘束感。隨著一年一年過去，兩位老先生也越來越需要休息靜養，早上帶領禮拜的任務自然就經常落在我身上。我習慣先寫下布道的內容，事先擬出兩種或三種稿子是常有的事。不過真正演說時，我也不見得會依腦中記住的照本宣科，因此也往往會出現另一種完全不同形式的布道。

與其說是布道，其實我更把下午的禮拜視為一種簡單的祈禱儀式。也因此在我主持下的儀式之短，竟使教區裡有人到克尼特牧師面前——他同時也任職精神督導辦公室——告我的狀。為了這件事他只得傳喚我，儘管見面時他跟我一樣尷尬。他問我有什麼訊息要傳達給投訴的教友，我回答，或許可以告訴他們我只是個可憐的牧師，當我不知道該對經文再說些什麼時，就會閉上嘴巴停止說話。他聽完溫和地責備了我幾句，並訓誡我以後講道的時間不得短於二十分鐘，之後便讓我離開。

克尼特牧師代表的是受虔信派教義影響的溫和正統派；傑羅德牧師則是自由派。不過縱使理念不盡相同，他們卻一直能以真誠友愛的精神共事，並和睦融洽地完成所有任務。在這間不怎麼引人注目、位在聖多瑪斯對面的教堂裡，他們合作無間，幾乎達到完美的境界。

在那幾年裡，每當聖尼可萊教堂的事情忙完，我甚至有時會在星期天回根斯巴赫代理父親的工作。

每週有三天的上午十一點到十二點，我得幫那些剛放學的小男孩上堅信禮課。上課時我總是盡可能少給他們功課，目的是希望這些時間對他們而言會是一種精神與心靈上的澄淨撫慰。為此我總會利用課堂的最後十分鐘，把那些他們這次應當學到且一生受用的聖經哲言與詩歌，用朗誦與複誦的方式使他們牢牢記住。我打算以此作為教學目標：我想讓福音的真理貼近孩子們的心思，想讓他們變得更加虔誠，甚至抗拒得了日後可能面對的任何誘使他們離開信仰的企圖。我也想喚醒他們心中對教會的愛，以及對週日禮拜能享有精神盛典的渴望。我教導他們對傳統教義心懷敬畏，同時也遵循保羅所言：「基督精神所在之處，就是自由之處。」

而後我有幸得知，那些年所播下的種子有些已經萌芽。有人對我致謝，因為我在課堂上以某種與思想結合的方式讓他們親炙了耶穌宗教的基本真理，而這使他們日後在面臨背離宗教的危機時，更加自信與堅強。

因為上了這些宗教課程，我才意識到自己從祖先那裡繼承了多少為人師表的血脈。

我在聖尼可萊教堂的月薪是一百馬克。不過因為在聖多瑪斯神學院裡吃、住都很省，所以就日常所需而言，這份薪水完全夠我用了。

＊＊＊

這個職位的最大優點，是讓我有充分的時間研究學問與從事藝術活動。由於兩位老牧師的善解人意，我得以在學校的春假與秋假期間（此時教會的堅信禮課亦暫停）也跟著休假，不過前提是我必須找到布道代理人——如果兩位老先生沒有好意地說要自己接手的話。所以我一年中有三個月的假期，復活節之後一個月，另兩個月則在秋天。春天的假期我通常會前往巴黎客居在伯父家，以便在魏多那裡繼續學琴；至於秋假，則多半是回到根斯巴赫的父母家與他們共度。

因為比較頻繁地造訪巴黎，在那裡我也結下了幾段珍貴的友誼。其中跟羅曼．羅蘭（Romain Roland）大約初識於一九〇五年，剛開始我們對彼此而言都只是音樂人，不過我們逐漸意識到彼此其實也就是普通人，於是從此成為要好的朋友。

利希坦貝格（Henri Lichtenberger）這位感覺細膩的法國人，則是德國文學專家。我跟他之間也有著真摯而深遠的情誼。

在新世紀剛展開的那幾年，我在巴黎的外語學會以德語發表過一系列關於德國文學與哲學的演說。記憶中曾經談過的包括尼采、叔本華、霍普特曼（Gerhart Hauptmann）、蘇德曼（Sudermann）以及歌德的《浮士德》。一九〇〇年八月，當我正準備有關尼采的演說時，他的死訊突然傳來——死亡終於讓他從痛苦中解脫了。

就這樣，以最單純的生活方式，我度過了對自己的創作極具關鍵性的那幾年。我努力工作，毫不鬆懈地全神貫注，但從不急躁和匆忙。

由於不管在時間或經濟條件上都不允許，所以我不常到外地旅行。一九〇〇年，我難得陪同大伯母前往上阿瑪高（Oberammergau）。這裡以上演耶穌受難劇聞名，然而觀賞時它舞台背後渾然天成的美妙山景所留給我的印象，其實更勝過戲劇本身，因為他們在原有的耶穌受難故事之外，納入許多舊約聖經中的場景，而且劇場布置與效果過度誇大，劇本台詞不夠完善，音樂也稍嫌乏味平庸，以上皆在在讓我不敢恭維。但演員們全心全意投入劇中角色的那份虔誠，卻讓我感動不已。

受難劇理應是一種以簡單質樸的方式、由村民表演給村民看的祝禱儀式，然而因為外來觀眾蜂擁而至，於是無可避免地變成必須迎合他們喜好的舞台劇——這個事實的確讓人有點失望。不過儘管這齣受難劇變質了，上阿瑪高的村民仍舊竭力以過去那種樸實的精神來參與演出，這是所有對事物的精神層面具有感受力的人都必須承認的。

每當錢存得夠多，而且剛好也有節目表演時，我就會到拜羅伊特音樂節去朝聖。

在史特拉斯堡寫作新書的那段期間，我認識了華格納的夫人科西瑪．華格納

（Cosima Wagner），並對她留下深刻的印象。她對我認為巴哈的音樂具有描述性這一點極感興趣，所以在她某次因拜訪教會史學家費克（Johannes Ficker）而逗留在史特拉斯堡時，特別請我用新教堂那座美麗的管風琴，詮釋幾首巴哈的聖詠前奏曲給她聽。在那幾天，她也說了一些自己年少時和後來為準備改信新教時上宗教課所發生的趣事；藝術才華洋溢且氣質高貴的她，顯得獨一無二、卓越超凡。但是不管相處幾次，在她面前我總是克服不了羞怯的毛病。

她與華格納的兒子齊格菲・華格納（Siegfried Wagner）在某些方面能力超絕，個性卻既單純又謙遜，這點我尤其欣賞。任何看過齊格菲・華格納在拜羅伊特工作的人，不管是對他的工作表現或做事方法都讚不絕口。他的音樂創作也蘊含真正的深意與美好。

我與張伯倫（Houston Stewart Chamberlain）的結識，則是因為有次聊起了哲學。他住在拜羅伊特且與華格納的女兒伊娃・華格納（Eva Wagner）結婚。不過我們雖然相識，我卻是從他後來的作品及他死前所承受的無止盡的痛苦折磨中，才了解他真正的性情。他走之前我得以陪在他床榻邊的那一小段時間，對我而言永生難忘。

# 四、聖餐儀式與耶穌生平的研究：

一九〇〇～一九〇二年

在完成康德的論文後再回到神學領域，原本最想當然爾的事，就是重拾有關耶穌生平的研究主題——如前所述，我從就讀大學之初就一直探究這些問題——，將其歸納總結並撰寫成神學文憑評鑑的論文。不過之前有關聖餐儀式的研究，已經拓展了我的視野與興趣。從探討耶穌生平的問題出發，讓我另外觸及了早期基督教這塊領域。而有關聖餐儀式的問題，同時牽涉到上面這兩個領域——在對耶穌的信仰發展為早期基督教信仰的過程中，它的角色極為關鍵。於是我告訴自己：聖餐儀式的流傳與意義一直以來如此令人費解，是因為我們不管對耶穌或對早期基督教的思想世界都不曾完整掌握過；同樣地，沒有看清耶穌與早期基督教信仰問題真正的本質，是因為我們不曾從聖餐儀式與洗禮的角度考量過。

經過這樣的衡量我擬定了計畫，打算寫一部與耶穌生平及早期基督教史有關的聖餐儀式發展史。它的第一部分，應該是檢視至今所有關於聖餐禮的研究，表明自己的觀點並闡述問題之所在；第二部分是呈現耶穌的思想與活動，將其視為理解耶穌與門徒之間最後晚餐的意義之先決條件。最後一部分，則是探討原始與古代基督教時代中的聖餐儀式。

我以有關聖餐儀式問題這部分的研究，在一九〇〇年七月二十一日取得了神學文憑。[6]至於第二部分，也就是關於耶穌受難與救世主之祕密的探討，則讓我在一九〇二年取得了任職大學講師的資格。[7]

而打算以原始和古代基督教時代的聖餐禮演變為主題的第三部分論文，雖已完成且用來作為上課教材，卻一直未能付梓——這部分的另一個研究主題，即新約聖經與原始基督教的洗禮史，也是如此。原因是我當時正忙於撰寫《耶穌生平研究史》，原本只打算用來作為耶穌生平素描的補充，不料寫著寫著就變成一部頗有分量的書，因此也打斷了其他出版計畫。而且在那之後還有個插曲：一本最初同樣也只打算寫成一篇文章的有關巴哈的書。再更後來，我則開始學醫。一直到我即將完成醫科學業且再度騰得出時間鑽研神學時，又覺得當時該做的事，是著手寫一部有關保羅思想的學術研究史以呼應《耶穌生平研究史》一書，並作為闡述保羅教義的導論。根據自己在耶穌以及保羅教義上所得到的嶄新理解，我還想為聖餐禮與洗禮的起源史及其在原始基督教世界的發展史，勾勒出明確的輪

---

6 《根據十九世紀之學術研究及歷史記載探討聖餐儀式的問題》，共六二頁，一九〇一年（J.C.B. Mohr 出版，杜賓根）。未經修改的新版，出版於一九二九年。

7 《救世主與受難的祕密：耶穌生平素描》，共一〇九頁，一九〇一年（J.C.B. Mohr 出版，杜賓根）。未經修改新版，一九二九年。英文版標題《The Mystery of the Kingdom of God》，一九一四年（Dodd 出版，紐約）；一九二五年（A. & C.Black 出版，倫敦）。

廓。這個計畫原本是打算在第一次非洲工作完成後的空檔進行，在非洲的時間則預計一年半到二年。但是戰爭的爆發打亂了一切，不僅讓我一去非洲就是四年半，還讓我回到歐洲時又貧又病，生計大受影響，因此這個計畫自然是告吹了。

另一個攪亂原有計畫的插曲，是我開始了《文明的哲學》的撰寫工作。因此《早期基督教世界的聖餐禮史與洗禮史》，只得一直停留在課堂教材講義的狀態。我不知道自己是否還有那樣的時間與精力，把它們修訂整理到可以出版的狀態。不過我在《使徒保羅的神祕主義》這本著作裡也提到了其中的一些基本概念。

我在有關聖餐禮問題的研究中，逐一檢閱了十九世紀末之前的神學家是如何試圖提供解答，同時也希望以辯證的方法揭示此問題的真正本質。結果發現，人們過去經常試圖將這個古老的基督教聖禮，解釋為麵包與酒的分配儀式，而透過複誦耶穌曾說麵包與酒就是自己的身體這句話，不知怎麼地它們就分別變成具有聖體與聖血的涵義了。但是所有這些嘗試性的詮釋，都是不可能成立的。

在最早的基督教世界裡，聖餐禮與重複神聖儀式或象徵性地緬懷耶穌贖罪性的死，完全是兩回事。重複耶穌與其門徒間最後晚餐的儀式，是從天主教的彌撒獻祭與新教的聖餐禮開始——其目的皆是為緬懷罪惡之赦免——，才具有上述那些涵義。

或許這麼說有點不尋常，但是耶穌將麵包與酒比喻成自己身體與血的話，在門徒及早期信徒聖餐儀式的本質中，並不具有決定性；而且根據我們對原始及古代基督教的了解，在早期教會信徒的餐會中也不會重述那些話。也就是說，依照早期的慣例，這個儀式並不是以所謂的祝聖經文，即耶穌將麵包與酒比作自己的身體與血這段話，來作為終結，而是以對麵包與酒表示感恩的禱告。這個事實不管為耶穌與門徒間的最後晚餐，或為早期基督教社群進行的會餐聖禮，都賦予了一種意義，就是眾人所引頸期盼的彌賽亞之盛宴。

由此也說明了最早期的聖餐儀式為何被稱為「Eucharistie」，意即「感恩祈禱」；另外，此儀式為何不是在每年復活節前的星期四傍晚舉行，而是在每個星期天早上，也不言而喻——因為這天是耶穌復活日的象徵，人們期待著天國降臨時他會歸來。

＊＊＊

我在以《救世主與受難的祕密》為標題的耶穌生平素描中，深入探究了前人對耶穌公開傳道過程的看法，分析祂的這些事蹟如何在十九世紀末被認為是史實，而霍茲曼又如何在他有關福音的著作中，對它們詳加說明並提出根據。整體而言，這些看法不外依據兩個基本觀點，一是耶穌並不認同當時猶太人普遍懷有的一種對彌賽亞天真但卻反映現實的期盼；再者，耶穌的傳道雖然初期頗為成功，後來卻遭到挫敗，這讓他決定捨身就死。

根據十九世紀後半期的學術研究，耶穌曾藉由宣告在世上建立一個道德天國，試圖轉移信徒對他們期盼中的彌賽亞超自然國度的注意力。同樣地，祂也不以追隨者心目中的彌賽亞自居，而是教導他們要相信有一個精神與道德上的彌賽亞，並認為藉由這種信仰，眾人應該就能在祂身上認出這個彌賽亞。

那些學術研究也指出，耶穌的講道開始時非常成功，然而後來在法利賽人與耶路撒冷當權者的影響下，大批群眾遠離了祂。面對這個事實，耶穌意識到祂必須根據上帝的旨意，為天國之事、也為證明自己精神性彌賽亞的身分，獻身受死。於是接下來祂在逾越節動身前往耶路撒冷，把自己送進敵人手中，任人釘上十字架折磨而死。

然而，這些關於耶穌一直以來的所作所為的觀點是站不住腳的，因為那兩個基本觀點，根本與事實不符。在最古老的文獻，亦即馬可及馬太福音中，根本找不到任何蛛絲馬跡顯示耶穌曾經想以一個精神化國度，來取代那個百姓普遍真實期盼、將以超自然方式在榮耀壯麗中登場的國度這件事。同樣地，關於耶穌的公開活動是否真的在經歷一段成功期後便進入挫敗期，我們所知也很有限。

根據馬可及馬太福音中的記載，耶穌生活在盛行於晚期猶太教社會的一種期盼彌賽亞降臨的風氣中。這種期盼的由來，如同我們從《以諾書》（西元前一〇〇年）、《所羅門詩篇》（西元前六三年）及《巴錄與以斯拉啟示錄》（約西元八〇年）中得知的，可遠溯至遠古先知及源自西元前一六五年的《但以理書》。跟當時的人一樣，耶穌也將彌賽亞視為是《但以理書》中所稱的「人子」，也談論著他將乘天上的雲彩而來。耶穌所宣揚的上帝國度，就是彌賽亞的天國，它將會在人的世界近末日時，隨著「人子」的到來開展於天地之間。耶穌不斷交待追隨者要準備好接受即將到來的審判；經由審判，有些人會享有彌賽亞國度的榮耀，有些人則會受罰入地獄。耶穌甚至應許門徒，在這場審判中他們將坐在「人子」寶座四周的十二張椅子上，參與對以色列十二個支派的判決。

由此看來，耶穌一切的言行舉止，都反映出祂也接受晚期猶太社會中那種對彌賽亞的期盼。祂沒有採取任何想將其精神化的行動，而是以自己強烈的道德精神來實現它；透過跳脫法律及聖賢的規範，要求人們以實踐絕對的愛之倫理觀，來證明他們歸屬上帝與彌賽亞，並且是將來天國的選民。根據耶穌所言，注定有福的人包括了求心靈充實者、慈悲者、使人和睦者、清心者、饑渴慕義者、受苦難者、為義受逼迫者，還有歸返童心者。

過去研究常犯的錯誤，就是主觀認定耶穌試圖將晚期猶太社會的彌賽亞期盼加以精神化，但是事實上祂不過是將愛的道德宗教加入現實的期盼中。如此深遠且具精神性的信仰和倫理觀，能夠與如此單純卻又實際的末世觀產生連結，我們一開始完全是料想不到的。然而這的確是事實。

至於耶穌的傳道活動有前期順利、後期受挫之分的主張，則可以用下列事實來加以反駁：不論在加利利或在耶路撒冷的聖殿，耶穌身邊一直都有熱情的群眾簇擁著。置身追隨者當中，祂比較能安全躲過對手的跟蹤；在信眾的支持下，耶穌甚至敢冒險在聖殿發表談話時，以最猛烈的方式抨擊法利賽人，並將換錢小販與生意人驅離聖殿。

耶穌曾派遣使徒到各地宣揚天國將近的訊息，且在使徒回來後不久，便與他們一同前往推羅與西頓的異教區，然而耶穌之所以這麼做，並不是因為面對反對者得撤退示弱。祂並沒有遭到群眾背離，只是為了與最親近的人獨處一段時間，選擇暫時離開群眾。因此當祂後來再度現身於加利利時，身邊立即又聚集了大批追隨者。耶穌在進入耶路撒冷時，是帶領著一大隊參加節慶的加利利朝聖者。如果不是因為耶穌自投當權者的羅網，遭受逮捕與釘上十字架都是不可能的事——

祂於深夜被判刑，然後在清晨，也就是當聖城剛甦醒時，就已經被送上十字架。

＊　＊　＊

根據兩部最古老的福音書上明確的記載，我要以下列主張反駁過去學術界對耶穌生平的那種站不住腳的詮釋：預期末日將近且超自然的彌賽亞國度也即將降臨的世界觀，決定了耶穌的思維與言行舉止。這種主張可稱為「末世論」（eschatologische）觀點，因為末世論一詞（Eschatos在希臘文中意指「最後的」），習慣上就是被理解為猶太教與基督教有關世界末日降臨時所發生之事件的教義。在這種理解方式下，耶穌的生平，或者更該說是耶穌的公開活動與最後的下場——因為這也是我們對祂一生僅知的部分——，就會依以下所述來呈現，即如同耶穌在傳道時並不把天國視為某種進行式的存在，而是純粹的未來式，祂也不認為自己已經是彌賽亞，祂只是相信，在彌賽亞的國度降臨且那些上帝的選民也進入他們被指定的超自然存在模式時，自己就會現身為彌賽亞。雖然知道自己未來的顯赫身分，耶穌一直保守著祕密。祂在群眾面前僅是個傳道者，宣告天國將近的訊息。聽眾不需要知道自己在與誰打交道，等彌賽亞的國度降臨時，他們自然就會明白。耶穌只有在對那些擁護自己且相信天國將近之訊息者，預告「人子」

（耶穌提到「人子」時總使用第三人稱，彷彿祂與「人子」並非同一人）將會認出他們就是他的子民時，才會顯露出祂的自我意識。

對於自己和那些跟祂一樣期盼天國即將來臨的人，耶穌預料得到，他們必須先一起熬過彌賽亞出現前的磨難，並經受其中的考驗。根據晚期猶太教關於末日事件的教義，所有那些有資格進入彌賽亞國度的人，在天國即將降臨前，都有一段時間得聽任俗世反上帝勢力的擺布。

我們不知道那是耶穌公開活動幾星期或幾個月之後，總之在某個時間點，祂確信天國降臨的那一刻就要到來。於是祂匆忙派遣門徒，以兩人為一組的方式，分別到以色列各城邑中散布這個消息。在與門徒道別的談話中（馬太福音第十章），耶穌要他們對彌賽亞降臨前的磨難做好心理準備，因為這場災禍即將到來，而且可能會讓他們，一如其他上帝所揀選的人，遭受嚴重迫害或甚至喪命。耶穌並不冀望門徒還能回到祂身邊，於是向他們宣告，在他們尚未走遍以色列城邑時，人子就會降臨（人們預期這將與天國到來同時發生）。

但是耶穌所預料的並沒有成真。在沒有遭到任何迫害的情況下，門徒又回到了祂身邊。沒有彌賽亞降臨前的磨難，彌賽亞的國度也沒有出現。對此耶穌只能這樣解釋，在這之前，一定還有什麼事必須先發生。天國並沒有出現的事實讓祂苦思不已，然後耶穌理解了一點：身為未來的彌賽亞，祂必須先以自己的痛苦與死亡來為那些天國的選民贖罪，使他們免於遭受彌賽亞降臨前必要的磨難。唯有如此，天國才得以降臨。

心懷慈悲的上帝赦免祂的選民遭受彌賽亞降臨前的磨難，這個可能性耶穌是有料想到的。在祈求天國降臨的主禱文中，耶穌要信徒祈禱，希望上帝不要領他們走進「誘惑」，而要讓他們從「邪惡」中掙脫。這裡祂所說的「誘惑」意思並不是引來罪惡的個別誘惑，而是末日時在上帝容許下來自「邪惡」的迫害——也就是代表反上帝勢力的魔鬼撒旦，施加在信眾身上的蠱惑。

因此耶穌赴死時心裡所想的，是上帝會接受祂的自願受死乃是為信眾贖罪，然後免除那場彌賽亞降臨前的災難——原本信眾應該要從這場災難帶來的痛苦與死亡中自我淨化，並證明自己值得進天國。

無論如何，耶穌以死為人贖罪的決定，可以在以賽亞書關於耶和華僕人的幾處記載（以賽亞書五十三章）中找到根據。那些段落描述耶和華的僕人為他人之罪行受苦，即使無法向他人說明自己蒙受痛苦之意義。以賽亞書中這些源自流放時期的記載，原本描述的是被放逐的以色列人如何以「神的僕人」之身分在異族人間遭受磨難，目的就是要讓他們認識真神。

耶穌與門徒停留在該撒利亞腓利比時，對門徒透露了被選定為彌賽亞——人子者，必得承受苦難與死亡，並同時表明自己就是這個人（馬可福音第八章二七～三三節）。之後的逾越節，祂與一同過節的加利利人前往耶路撒冷，當時除了祂的門徒，還沒有任何人知道耶穌是什麼身分。因此迎接祂進入耶路撒冷時的歡呼，並不是獻給彌賽亞，而是獻給大衛的後裔、來自拿撒勒的先知。猶大的背叛，並不在於向祭司長密告哪裡可以逮捕到耶穌，而是通知他耶穌自稱救世主。

耶穌在與門徒共進最後一餐時，把自己感恩禱告獻祭過的麵包與酒分給門徒食用，並宣布今後不再喝葡萄酒——一直到下次與他們在天父之國共飲前。也就是說，耶穌在祂塵世的最後一餐中，已經授予門徒在將來之天國裡與祂共進盛宴的資格。於是那些心裡確信自己有資格參加未來天國盛宴的信徒，為了延續那次的晚餐，便開始舉行餐宴儀式，儀式中則會對食物與飲料進行感恩天國與彌賽亞盛宴降臨的祝禱。

因此耶穌期盼透過他的贖罪受死，彌賽亞的國度會立即降臨，且之前不會有任何苦難。耶穌向祂的審判官保證，他們將會目睹祂以人子的身分坐在上帝右側，並乘天國的雲彩而來（馬可福音第十四章六二節）。

由於門徒們在安息日隔天的清晨，發現耶穌的墓穴是空的，於是在對自己的主理應榮耀現身的熱切期盼中，他們眼前出現了耶穌復活的景象，並確信祂已與上帝同在天上，很快便會以彌賽亞的身分現身且引領天國降臨。

這兩部最古老的福音書中所記載的耶穌的公開活動，都是發生在一年之內。春天時，自比為播種者的耶穌開始宣揚天國的祕密；秋收時，他則預期天國之收成也即將到來（馬太福音第九章三七～三八節），於是派遣門徒到各地進行最後一次召喚，告知世人天國已近。之後沒多久，祂便停止一切公開活動，與門徒單獨待在該撒利亞腓利比的異教徒區，可能一直到逾越節前後，才加入前往耶路撒冷的朝聖隊伍中。因此耶穌真正公開活動的時間，最多可能只有五到六個月那麼長。

# 五、任教於大學：

一九〇二年三月一日，我在史特拉斯堡神學院發表我的就職演說，主題是約翰福音中的道之教義。

後來我才知道，其實院裡有兩位教授對我取得任教資格這件事表示疑慮。他們並不贊同我所採用的歷史研究途徑，也擔心我的觀點會把學生弄糊塗。不過由於深具權威的霍茲曼極力支持我，他們的反對最後也不了了之。

我在就職演說中做了這樣的解釋，約翰福音中那些讓人摸不著頭緒的基督言論乃是彼此相關的，而且只有在把它們看成一種指點時，才能理解其中涵義——耶穌想透過這些指點，讓信眾為祂死後預計會生效的聖禮做好準備，此聖禮乃經由「道」而生效。不過關於這個理論，我是一直到後來寫《使徒保羅的神祕主義》這本書時才有機會詳細陳述。

一九〇二年的夏季學期，我以教牧書信為課程主題，開始了我的授課生涯。

我之所以會致力於耶穌生平研究的歷史，動機是來自某次跟學生的談話。這些學生曾經上過史彼塔一門有關耶穌生平的課，然而對早期的耶穌生平研究史卻可說是全然無知。所以在霍茲曼也同意的情況下，我決定從一九〇五年的夏季學期開始，開設一堂每星期兩小時的耶穌生平研究史課程。我幾乎是以滿腔的熱血來備課，這個題材讓我如此著迷，以致即使在課程結束後，依然沉浸其中不可自拔。因為羅伊斯（Eduard Reuß）及其他史特拉斯堡神學家死後捐贈的藏書，史特拉斯堡大學圖書館在有關耶穌生平的文獻收藏上可說相當齊全。不僅如此，在反對史特勞斯（Strauß）與雷南（Renan）有關耶穌生平研究的論戰中所出現的著作，這裡也幾乎都齊全了。因此就學術領域而言，全世界應該找不到任何地方比這裡更適合進行這項研究。

在著手這項工作的期間，我同時擔任了神學院（威廉學院）的主管。其實在艾利希森（Erichson）過逝後我就接過這個職位，不過那只是暫時應急（從一九〇一年五月一日到九月三十日），正式接任者是安利希（Gustav Anrich）——當時他還是林格斯漢（Lingolsheim）的牧師，後來成為了杜賓根的教會史教授。一九〇三年夏天，由於負責教會史的路修斯教授驟逝，安利希被任命接替他的位置，於是我在一九〇三年的十月一日，正式獲得神學院主管的職位——附帶位在陽光燦爛的聖多瑪斯河堤上的宿舍及兩千馬克的年薪。不過我還是保留了自己學生時代住過的房間，以作為書房兼辦公室。之前安利希掌管威廉學院的那段期間，我則是住在城裡。

* * *

《耶穌生平研究史》這本書一九〇六年就出版了，只不過它在初版時書名叫《從萊瑪魯斯到雷德》（*Von Reimarus zu Wrede*）。[8]

住在漢堡的東方語文教授萊瑪魯斯（Johann Samuel Reimarus，一六九四～一七八六），是第一個以《耶穌與門徒的目標》這部專論，試圖在「耶穌也認同當時人們對末世彌賽亞之期盼」這個假設下，對耶穌生平進行詮釋的人。這部專論其實是在他死後才問世，由萊辛（Lessing）以匿名的方式幫他出版。雷德（William Wrede，一八五九～一九〇七）則是布列斯勞（Breslau）的神學教授，他在他的著作《福音中的彌賽亞祕密》中進行了一個破天荒的嘗試——完全否定耶穌有任何末世論的想法。然後基於理論的一貫性，雷德意識到自己不得不進一步主張，耶穌也不認為自己就是彌賽亞，祂的救世主名號是在死後才被門徒加上的。所以萊瑪魯斯及雷德這兩個名字，代表的就是對耶穌生平之見解的兩極，而我的研究擺盪於其間，因此以它們作為書名。

在細讀許多關於耶穌生平的文獻後，我發現要把它們分門別類歸入不同章節是件非常艱鉅的任務。經過幾次在紙上徒勞的嘗試後，我把所有的參考書籍層層

8 是一部關於耶穌生平研究的歷史，共四一八頁，一九〇六年（J.C.B.Mohr 出版，杜賓根）。一九一三年再版，書名直接改為《耶穌生平研究史》。

疊疊地在房間中央堆成一座小山，為每個預定的章節分配好房間裡的位置——可能在某個角落或在傢俱之間——，然後經過縝密的思考，再把內容相關的書，分別放到相應的位置上。我這樣自我要求，要以某種方式把房間中央那堆書山裡的每一本，都分別定位到與它相關的章節裡，而且希望在每個章節的草稿完成之前，都讓那堆書留在原地不動。我確實也做到了這一點，在連續好幾個月的時間裡，所有來拜訪我的人，在房間裡都得順著那些蜿蜒在書堆間的路徑前行。比較困難的是要與熱衷於打掃的沃爾佩特太太對抗——她負責整理我的家務，是個來自符騰堡的寡婦，性格耿直，而我總是得提防她停在這些書堆前。

第一批在史學上致力於耶穌生平研究的代表人物，不管在是否能純粹從史實上探究耶穌的存在，或是否能從批判的角度檢視作為耶穌資訊主要來源的福音上，都曾經歷過一番掙扎。他們是一步一步才逐漸承認，主張耶穌意識到自己被上帝賦予使命，並不違反致力於從批判性歷史的角度研究耶穌生平事蹟及其所宣揚的理念。

十八世紀到十九世紀初期有關耶穌生平的研究，往往把耶穌描繪成一個偉大的啟蒙者，想引領人民遠離猶太教非精神性的教義，轉而信仰即將在人間建構道德天國的慈愛上帝——一種合乎理性且超越所有教條的信仰。他們尤其致力於把耶穌所有的神蹟解釋為被眾人曲解的自然事件，希望藉此能完全終結人們對奇蹟的信仰。在這些理性主義的耶穌生平研究中，最知名的是文圖里尼（Karl Heinrich Venturinis）的《拿撒勒偉大先知的自然史》。這部作品在一八〇〇～一八〇二年之間匿名出版於伯利恆（事實上是哥本哈根），厚達二千七百多頁，分成四冊，以德文寫成。萊瑪魯斯也曾試圖從晚期猶太教有關末世彌賽亞的教義出發來理解耶穌的布道，不過當時並沒有人注意到。

有關這方面的研究，是在嚴謹地檢視福音記載內容的歷史價值之後，才真正進入歷史研究的航道。這個始於十九世紀初期，並延續好幾十年的研究工作，後來得到下列結果：首先，約翰福音在敘事上與其他三部福音並不一致；其他三部福音較為古老，因此作為資料來源可信度也較高；三部福音中共有的內容，都是以馬可福音原有的記載為本；最後，路加福音明顯比馬太和馬可福音晚了許多。

史特勞斯（一八〇八～一八七四）在一八三五年出版的耶穌傳記，則讓耶穌生平的研究陷入困境中。他認為兩部最古老的福音書中有關耶穌的記載，只有一小部分可視為史事，其他則大部分是神話性敘事，它們在原始基督教中逐漸形成，題材主要可回溯至舊約聖經中的神蹟故事與有關彌賽亞的段落。不過即使史特勞斯質疑這兩個最古老資料來源的可信度，也不盡然代表他本質上就是個懷疑論者，他只是第一個指出這點的人，即要真正了解福音中所記載的耶穌言行舉止與傳道等種種細節，有多麼困難。

之後從十九世紀中葉起，一種現代歷史觀逐漸形成，其主要觀點包括：耶穌曾試圖將當時猶太人在現實中對彌賽亞的那種期盼加以精神化；耶穌在言行舉止上，都以精神上的彌賽亞與道德天國的創建者自居；最後，耶穌在眾人不理解祂且背離祂時，決定為自己的志業而死，希望以此促成其志業之成功。採用當時這些普遍共通的觀點來描繪耶穌生平的作品中，最為人熟知的就是雷南（一八六三）、凱姆（Theodor Keim，共三冊：一八六七、一八七一、一八七二）、哈瑟（Karl Hase，一八七六）以及霍茲曼（Oskar Holtzmann，一九〇一）的著作。另一位霍茲曼（也就是我的老師）則在他三本最早福音的研究與《新約聖經神學》這本著作中，嘗試為這種詮釋提出詳細的學術論證。而哈納克（Adolf Harnack）在《基督教的本質》（一九〇一）中對這個現代化的耶穌教義之呈現，可能是最為生動的。

不過其實自一八六〇年起，就有關於耶穌生平疑點的個別研究顯示，主張耶穌曾嘗試將當時對末世彌賽亞的期盼予以精神化的這種觀點，根本是行不通的；因為耶穌在許多記載中，完全是以很實際的態度在談論末日時人子和彌賽亞國度的到來。所以如果不想重新詮釋或推翻文獻，我們就只剩兩種選擇：一、要不就承認耶穌確實活在晚期猶太教的末世觀中；二、否則就主張文獻中只有部分的話真正是耶穌所言——也就是祂從純精神層面談及彌賽亞與彌賽亞國度的那部分——，其他則是原始基督教在重拾晚期猶太教那種現實末世觀之後，借耶穌之名所添加的話。面對這兩個選項，有關耶穌生平的研究最初是傾向第二條路線。因為彌賽亞觀給人的感覺過於異端突兀，而耶穌居然可能也認同這種觀點，這對那些學者來說太無法置信也太失體統，因此他們寧可質疑兩部最古老的福音書，並將裡面所記載的部分耶穌言談——基於其奇異的內容——視同捏造。不過就如同科蘭尼（Timothée Colani，《耶穌基督與同時代之彌賽亞信仰》，一八六四）及弗克馬（Gustav Volkmar，《拿撒勒的耶穌》，一八八二）在他們的作品中致力於區分真實的「精神彌賽亞」與捏造的「末世彌賽亞」語錄之結果所顯示的，他們接下來也必須對耶穌到底是否曾自認為彌賽亞這件事採取否定的立場。因為在耶穌對門徒透露自己就是彌賽亞這個祕密的段落中，全都是與「末世彌賽亞」有關的語錄——亦即祂就是那個在末世時會以「人子」身分出現的人。

耶穌是否為末世論者的這個問題，至此於是尖銳化為：祂是否視自己為彌賽亞？接受耶穌自認是彌賽亞的人，就必須接受祂對彌賽亞的想法和期盼，與晚期猶太教的末世觀一致。反之，不承認耶穌持有晚期猶太教末世觀的人，就不能聲稱耶穌擁有彌賽亞的自覺。

雷德正是以這種觀點一致的方式，來處理他的作品《福音中的彌賽亞祕密》（一九〇一）。他在整部作品中一貫的觀點是：耶穌就是一個傳道之師，是死後才在信徒的想像中變成了彌賽亞。基於這樣的想像，祂最初在眾人口耳相傳中的那些「老師」的言行與活動，便被如此記載了下來，即耶穌是刻意隱藏祕密，不公開自己就是彌賽亞的身分。當然，這個假設的文獻演變過程究竟是如何發生的，連雷德自己都說不出個所以然。

因此質疑耶穌的末世——彌賽亞言論，就會毫不留情地連帶導出這個結論：在兩部最古老的福音中，除了有關拿撒勒的耶穌在教學上的一些籠統記載外，其他都不能以史實看待。然而相較於陷入如此過激的立場，後世的研究顯然又寧可接受耶穌確實持有末世／彌賽亞觀。於是約莫在十九世紀末期時，有關耶穌的傳道具有末世論特徵及耶穌擁有彌賽亞自覺這樣的觀點，又開始普遍被採用，例如海德堡神學家懷思（Johannes Weiß）在他的《耶穌之天國訓示》（一八九二）一書中，就有非常清晰的論述。許多神學家私底下希望自己最後不必全盤接受懷思的主張，但事實上他們應該還要走得比他更遠才對，因為這條路懷思只走了一半。懷思雖讓耶穌的言談思想末世論化，卻沒有從中推論出祂的行為必定也受末世論主導。對耶穌生平事蹟活動的過程及受死的決心，懷思只用祂傳道「初期成功、後期失敗」一貫的論點加以詮釋。然而，想對耶穌生平進行歷史性的理解，就絕對必須考慮「耶穌是生活在晚期猶太教末世／彌賽亞觀的世界中」這個事實，及其可能帶來的一切後果；也就是說，我們不能單從一般心理學來衡量耶穌的決定與行為，而要從祂在末世預期心態中所形成的動機去理解。這個以末世論為因果來解答耶穌生平問題的觀點，我在《救世主與受難的祕密》（一九〇一）中只初步描繪過，不過後來在《耶穌生平研究史》一書中則有詳盡的敘述。從這個觀點入手，能使耶穌在思想、言論及行為上許多至今讓人困惑之處，變得合理可解，福音中許多過去由於令人費解而被認為是虛構的段落，也因此證明完全真確可信。於是對耶穌生平採取末世論的詮釋途徑，為所有對馬可和馬太福音可信度的質疑畫下了句點。它向我們顯示，福音中有關耶穌公開活動與死亡的內容，是根據一種忠實且連細節都極為可靠的口述傳統而成。假若這些記敘中有若干含糊不清或令人混淆之處，主要也是因為門徒自己在某些情況下對耶穌言行的意義並不了解。

《耶穌生平研究史》一書出版後，我和雷德之間開始了一段友好的書信往來。得知他深受無法根治的心臟痼疾之苦且正與死神搏鬥，讓我心情非常沉重。在他寫給我的最後幾封信當中，有一次他這麼說：「主觀來說，日子還過得去；但客觀來說，我的狀況毫無希望」。想到自己可以完全不用顧慮健康問題不眠不休地工作，而正值壯年的他卻得放棄工作，心情就低落不已。我在著作中對他的研究表達過的讚賞與認同，彌補了一些他在無畏追求真相的過程中所遭遇到的敵意。雷德後來於一九〇七年過世。

讓我有點意外的是，我的作品在英國立刻獲得了肯定。特別是牛津大學的森戴（Wilhelm Sanday）教授，是第一個大力推崇我的觀點的人——在他有關耶穌生平問題的課堂上。他更熱切邀請我到牛津做客，可惜我實在抽不出時間，只得婉拒他的好意。那時候我已開始學醫，此外不僅得為神學院的講堂備課，還忙於我法文巴哈專書的德文版。就這樣，我又錯失了認識英國的第二次機會。

不久劍橋大學的柏吉特（Francis Crawford Burkitt）教授也開始關注我的作品，後來更促成這本書英文版的發行。而那極為出色的翻譯，正是他的學生蒙哥馬利教士（Rev.W.Montgomery）的傑作。基於共同的神學背景，我與這兩位先生之間很快地就建立起非常真摯的友誼。

相較於柏吉特對我論點的興趣純粹是學術性的，森戴則是因為從他自身的宗教立場來看，這些論點極其珍貴。自由派新教觀點研究下所主張的現代耶穌形象，在他的天主教思維中實在不怎麼討人喜歡。而現在有個來自這個自由派研究圈內本身的批評，卻主張這種形象有違歷史，這帶給他一種滿足感，他虔誠信奉天主教的這條路，似乎也因此豁然開朗。

對泰利爾（Georges Tyrell）而言，我的這部著作也別具意義。如果不是因為從中發現耶穌的思想與行為乃受末世觀主導的學術根據，他就無法如此果斷地在《十字路口的基督教》（一九一〇）中，將耶穌描繪成一位道德的末日啟示者——從本質來看這是天主教而非新教的。

# 六、歷史上的耶穌與今日基督教

在那兩部有關耶穌生平的作品越來越為人熟知的同時，有個問題我也經常被各方追問：身為末世論者、活在世界末日與超自然天國即將降臨之預期中，這樣的耶穌對我們有額外的意義嗎？其實我自己在研究過程中也不斷思考這個問題。能夠解開某些有關耶穌存在的歷史謎團，我衷心感到滿足，但是這股快意卻也伴隨著一種沉痛的自覺，怕這份對歷史的新理解會為基督信仰帶來不安與難處。我用自小就堅信的一段話來安慰自己，即使徒保羅說「我們凡事不能抵擋真理，只能扶助真理」。因為動腦力的事，本質上就是追求真相，而每個真相到最後都代表一種收獲。不管在任何情況下，真相皆比非真相更具價值，而這點必定也適用在歷史真相上。即使這真相在虔誠的信仰面前顯得不可置信，一開始甚至會帶來困擾，但最終的結果卻從來就不會是一種危害，它只會讓信仰更深更堅定。因此，宗教完全沒有理由迴避與歷史真相正面交鋒。

假若基督教的真相對歷史真相能在各方面都保持它應有的態度，那它在當今世界的力量將會何等強大！然而過去每當有歷史真相為基督教帶來難堪時，他們不僅不讓史實成真，還有意無意地以各種方式來轉移注意力、迴避事實或隱瞞真相。他們不面對必須面對的新真相，承認它是新的事實，以實事求是的態度給予其合理性，而是又搬出那套虛偽做作且漏洞百出的論點，讓一切又回到過去。綜觀基督教目前的處境，只有發奮圖強，才能挽回過去一再錯過的與歷史真相公開交換意見的機會。

僅僅從下面這件事，就知道我們是處在何種境地——早期的基督教徒常不分青紅皂白，便把許多文章的作者冠上使徒之名，只因這樣會讓這些文章所主張的理念更有權威！但是如今這件事卻成為幾世代以來眾人爭論不休且互生嫌隙的痛苦根源。那些基於已被確認的事實證據，而沒辦法假裝對新約聖經含有某些假造段落——雖然其內容極為珍貴且受人喜愛——視若無睹的人，與那些為了維護古老基督教界的聲名，而企圖主張其內容真偽乃無法證明的人，立場完全針鋒相對。然而該對這件事負起責任的人，應該幾乎沒有意識到自己犯了什麼錯。他們只是依循那種在古代習以為常且不問究竟的習慣——把一些主張某知名人物想法的文章，冠上名人之名來發表。

因為在進行早期基督教史的研究過程中，實在太常得處理這種違反史實之偏誤所帶來的後果，我於是也變成了捍衛今日基督教得保持真實坦誠的熱衷者。

＊＊＊

假如耶穌是以一種超越時空且世世代代的人皆可輕易領略的方式來宣揚宗教

真理，那會是最理想的狀況。可惜事情並非如此，而且之所以並非如此，或許也有它的道理。

我們得接受這個事實：耶穌愛的宗教，是出現在一種預期世界將走向末日的世界觀之中。祂以這種世界觀為理念來宣揚祂的宗教，而我們沒辦法在那樣的理念中內化這個宗教，於是不得不把它代入新時代的世界觀中。

直到現在，我們始終不自覺地偷偷這樣做。我們違背耶穌教義內容的原文，以它彷彿是完全符合自己世界觀的方式來理解它。然而，現在我們得看清這一點：我們是透過一種出於必要所採取的行動，來讓耶穌的教義符合我們的世界觀。

因此我們得承認這個不爭的事實，即宗教的真理是會轉變的。

不過，這點我們該如何理解呢？

就精神與道德上的真正本質而言，基督教的宗教真理是歷經數世紀而不變的。會改變的，只是它在不同世界觀中所展現的外在輪廓。原本形成於晚期猶太教末日世界觀中的耶穌愛之宗教，便是以這種方式與希臘晚期的、中世紀的，以及我們當代的理念產生連結。雖然經歷許多世紀，本質卻依然相同。它在不同的世界觀之中如何被看待是某種相對的事。真正重要的只有一點，就是它最初具有的精神與道德真理，對人的力量有多大。

我們不再像那些有幸聽過耶穌傳道的人那樣，期待天國真的會在超自然現象中降臨，而是認為只要透過耶穌的精神力量，它就會在我們內心與這個世界之中形成。儘管有所差異，但唯一重要的是我們被天國這個理念所主導，如同耶穌當時對信徒所要求的那樣。

我們是透過愛來認識上帝也歸屬於上帝——耶穌把登山寶訓天國八福中這個強而有力的思想，注入了晚期猶太社會對彌賽亞的期盼中，完全沒有把天國或極樂這些現實想法加以精神化的意圖。只不過這個愛的宗教所蘊含的精神性，卻無可避免地像火焰般逐漸延燒，淨化了所有與它關連的想法。基督教的發展，於是注定會經歷一種不斷精神化的過程。

耶穌從未解釋過有關彌賽亞或彌賽亞國度這些晚期猶太教的教條。祂並不關切這個信仰如何看待事物，只關切它所包含的愛是否足夠強大——沒有愛，任何人都無法歸屬上帝並加入天國。他傳道的內容是關於愛，或整個來說是關於如何從內在做好準備以迎接天國。彌賽亞的教條則隱身幕後，如果耶穌不偶爾提及，人們甚至可能會忘記它是個先決條件。這也說明了耶穌愛的宗教之時代背景，何以會被忽略如此久。

晚期猶太教彌賽亞的世界觀就像一個火山口，不斷噴發出永恆愛之宗教的火焰。

今天，布道時若想對人們說明歷史上的耶穌，並不代表得引用相關格言，不斷反複解釋其中的末世彌賽亞世界觀的意義。只要能夠讓他們在某種程度上認為「耶穌活在對末日與將以超自然方式降臨的天國之期盼中」是理所當然的，也就足夠了。不過假若布道內容是耶穌的福音，便必須深入探究祂話語中原有的意義，並努力透過歷史真相來追尋永恆的真相。如此布道者將不斷有機會發覺，透過展開這個探索，自己才能真切領悟耶穌所對我們說過的一切！

史實所認可的耶穌，雖然是從另一個思想世界——而不是我們熟悉的那個——在對我們說話，然而這並沒有讓布道變得更困難，反而是更容易。這是我自己的經驗，也得到某些教士的證實。

每當聽見耶穌的話語，就以另一種世界觀來設想與理解，這麼做是具有深意的。因為在我們自己肯定世界與生命的世界觀中，基督教永遠都有淪為膚淺表面化的危機。回到期盼末日的脈絡中理解耶穌的福音，會讓我們離開過分關注天國理念的大道，回到追求內在精神世界的小徑上，並敦促我們以超脫於現實世界之精神，尋求在心靈天國中活動的真正力量。基督教的本質，是歷經否定世界的信念後的一種對世界的肯定；耶穌就是在祂否定世界的末世觀中，建立起積極的愛的倫理觀。

＊＊＊

即使史實的耶穌本身似乎有些奇異，比起我們從教條與過去研究中所認識的那個耶穌，祂的影響還是——事實上本來也就是——更強烈與直接得多。教條中的耶穌失去了生氣、缺乏性格；而過去的研究，則往往讓祂變得現代化且貶低了祂。

任何人只要勇於正視史實的耶穌，聆聽耶穌強而有力的話語裡所表達的深意，便會立刻放棄質疑這個陌生奇異的耶穌對自己還能有何意義。他所認識到的耶穌，將會擁有主宰自己的力量。

對耶穌的真正理解，就是理解意志如何影響意志。我們跟耶穌的真實關係，就是全然為祂所感動。一切對耶穌的虔信，只有在我們讓自己的意志完全臣服在其意志之下時，才具有崇高的價值。

耶穌並不苛求人能以文字或概念表達出祂是誰。耶穌不認為有必要讓那些傾聽祂話語的人有機會窺知祂人格的祕密，或知道自己是大衛的子孫，未來將會現身為彌賽亞。祂對信眾唯一的要求是他們能在行動中與受苦中，證明自己透過耶穌超脫了真實世界之存在而進入另一種存在，且因此共享了祂的平靜祥和。

因為在研究及思索耶穌的過程中越來越確信上述觀點，我於是在《耶穌生平研究史》中以這些話來作為結尾：「一如祂曾在湖畔走向那些不認識祂的人，今天耶穌也以一種陌生者與無名氏的身分來到我們身邊。祂說著同樣的話：『跟隨我來！』然後把我們領到祂在這個時代必須完成的任務面前。祂下達指令，而那些遵循指令的人——不論是智慧者或駑鈍者——將可以與祂同在，經歷一切平靜、活動、奮鬥與痛苦，然後從祂所透露的跡象中，得知『祂是誰』這個不可言說的祕密……」

＊　＊　＊

由於耶穌宣稱很快就會降臨的那個超自然天國後來並沒有出現，這個歷史中的耶穌因此是「會犯錯」的，而這引起許多人憤慨不滿。

可是對那些清清楚楚記載在福音上的文字，我們又能怎樣？儘管大膽地以牽強附會的方式來解釋這些記載，使它與耶穌絕對不會犯錯的獨斷教義吻合一致，這會符合耶穌精神嗎？祂從未宣稱過自己是無所不知的，例如祂就曾向尊稱自己為「良善的夫子」的年輕人表明，只有上帝才是良善的（馬可福音第十章一七～一八節）。因此若有人想為祂冠上如神明般完美不犯錯的頭銜，祂應該也會表示反對。有關精神真理的知識，不需要從關於世事更迭或地表萬物的知識裡得到證明，它屬於另一個領域的知識，完全獨立於後者。

歷史中的耶穌令人感動之處，就在於祂的地位在神之下。這個位置上的祂，比起那個按希臘形上學構想而成、無所不知且完美無缺的教義上的耶穌，還更偉大。

* * *

耶穌的教義被證明了具有末世論的背景，對自由派的新教徒來說一開始是個重大的打擊。幾世代以來，他們在研究耶穌生平的過程中，都相信任何歷史知識的進展，只會有益於將耶穌宗教裡非刻板教條的那部分特質更加公諸於世。十九世紀末的他們，更進一步認為自己終於證明了一點：我們的宗教思想，可以不假思索地接收這個要在人間建立天國的耶穌宗教。然而才不過多久，他們卻又得承認這種想法只適用於被自己不自覺現代化了的教義，並不適用於耶穌真正的歷史教義。我對自己不得已變成了摧毀自由派新教徒心中基督形象的人之一，也深受其苦。但是我同時也堅信，基督的形象不該仰賴一種歷史幻想而生，它也可以引用史實上的耶穌為證，而且本身就具有正當性。

即使自由派新教必須放棄將自己的信仰與耶穌教義相提並論，就像他們過去也曾避免這麼做那樣，它所擁有的耶穌精神，也是贊同而非違背自己的。可以確定的是，耶穌讓自己的教義融入晚期猶太彌賽亞教條中，然而祂的思考方式並不刻板教條，並沒有制定出「信仰教義」。因此硬要說祂的信仰具某種教條正確性，是遠遠悖離事實的一種判斷。祂從未在哪裡要求過祂的聽眾得為信仰犧牲自己的想法；恰好相反，祂要他們對宗教多加思索。在登山寶訓中，耶穌讓聽眾沉思宗教的道德倫理性而非宗教的本質，並依虔誠篤信如何影響人的倫理觀來對其加以判斷。祂在那些聽眾滿心對彌賽亞的期望中，點燃了道德倫理信仰的火苗。登山寶訓因此是自由派新教手上無可爭議的權狀，道德倫理構成信仰本質的事實，經由耶穌的權威得到了證實。

此外，經由晚期猶太末世論觀點的勢微，耶穌愛的宗教反而可以掙脫這個它本身也曾有過的理念而得到自由。鑄造思想的那個模具已經破損，現在我們有權讓耶穌的宗教依據它直接的精神倫理本質，在我們的思想中活躍、積極起來。我們會知道，這個在希臘教條中代代相傳且經過許多世紀的虔誠篤信才得以維持生命力的教會基督教裡，究竟藏有多少珍貴的東西，然後以愛、敬畏與感謝來守住教會。不過，我們會以這種形式讓自己歸屬教會——參照保羅所說的「凡主精神之所在，便有自由」，並相信透過全心奉獻於耶穌愛的宗教，會比全然服從所有的信條，更能為基督教服務。假若教會具有耶穌精神，就該包容所有形式的基督信仰以及不奉行教條的自由派信仰者，為他們留下空間。

敦促基督信仰坦率面對並深入探究歷史真相是我的使命，然而要肩負這個責任並不容易。儘管如此，我還是懷著喜樂的心來為此獻身，因為我很確信，一切講求真實坦誠，就是一種耶穌精神。

# 七、我關於巴哈的法文與德文著作

在進行有關耶穌生平研究史工作的同時，我也完成了一本關於巴哈的法文書。每年春天，經常也在秋天，我總有幾星期的時間會在巴黎與魏多共度，而他也總會抱怨有關巴哈的法文書都僅止於純粹描述，連一本引導人從藝術層面認識他的書都沒有。為此我答應了他，會利用一九〇二那年的秋假，為巴黎音樂學院的學生寫一篇有關巴哈藝術本質的文章。

以前在聖威廉教堂的巴哈合唱團擔任管風琴手時，我就彈奏過且從理論上深入研究過巴哈，所以這項任務非常吸引我，因為它正好讓我有機會發表那段時間的心得。

然而就在假期即將結束時，這篇論文的進度卻還是脫離不了準備階段，儘管我已全力以赴。同時有件事也我心裡也越來越明白，這篇文章勢必會擴充成一本書，而我勇敢接受了命運的安排。

在接下來的一九〇三與一九〇四這兩年裡，我幾乎把所有閒暇的時間都用來研究巴哈。不過因為手上已經有巴哈作品的全集——這在當時坊間不僅一書難求，也只能以極高的價位買到——，所以不必非得到大學圖書館去才能研讀總譜，這讓我工作起來輕鬆不少。那陣子我只有晚上才撥得出時間來研究巴哈，去圖書館是非常困難的事。關於這套書的由來，其實是我偶然從史特拉斯堡的一個樂商那裡得知，巴黎有位因贊助巴哈學會而向他訂購過巴哈作品全集的女士，當時正想把這套數量驚人、顏色灰撲撲且占掉她書房龐大空間的大部頭書處理掉。因為很高興這麼做也能為別人帶來快樂，她以低得離譜的售價——兩百馬克！——把書賣給我。這樣從天而降的鴻運，簡直是作品成功的好預兆。

老實說要動手寫一本巴哈的書，還真是個魯莽的決定。我儘管因為閱讀廣泛而對音樂史及音樂理論有相當的認識，畢竟並非專業音樂學者。不過我計畫的出發點，也不是要提供有關巴哈及他的時代的新歷史材料，而是想以同是音樂人的身分，跟其他音樂人談談巴哈的音樂。至今這類書很少處理的部分，如闡明巴哈音樂的本質，探討符合巴哈精神的演奏之問題，都會是我主要的討論內容。相對地，有關其生平的介紹或某些歷史記述，則只會以引言的方式呈現。

每當心中升起一股憂懼，擔心以這項工作的難度而言自己會不會太過自不量力，我就會這樣安慰自己，這本書我不是為德國——這裡有關巴哈的知識與學問已極為淵博——而是為法國而寫；在那裡，這位聖多瑪斯教堂唱詩班指揮的藝術，還有待人來宣揚推廣。

在以德文授課及布道的同時用法文來寫這本書，對我來說有點吃力。從小我的法語就講得跟德語一樣好，而且因為家裡的習慣，從很早以前開始我寫給父母親的家書就都只用法文，但是我並不覺得法語是我的母語。德語才是我的母語，因為我在語言上所根植的阿爾薩斯方言，就是一種德語。

如果有人相信自己擁有兩種母語，在我的經驗看來那似乎是一種自我欺騙。或許他以為自己是以同樣的方式精通這兩種語言，然而事實卻總是如此——他實際上只能用一種語言思考，也只能在這個語言裡真正隨心所欲且有創意地行事。因此每當有人對我宣稱，他對操作兩種語言有著絕對相同的信心時，我就會立刻對他提問：你在數數與計算時是用哪一種語言？最能夠用哪一種話說出廚房餐具以及木匠或鐵匠使用的工具？在夢裡又是說哪一種話？至今我還沒發現，有哪個人在這個測試中不是特別偏向某一種語言的。

我在巴哈這本書的撰寫過程中，從吉勒（Hubert Gillot）那裡受益良多。當時他是史特拉斯堡大學的法文教師，對我書稿的文體風格提出不少很有用的建議。他尤其懇切地提醒我，相較於德文，法文語句對韻律感的要求強烈得多。

我感受到的這兩種語言的差異，是使用法文時，就好像在一座優美的公園裡沿著被人悉心照料的小徑散步；使用德文，則像是在一座壯麗的森林裡漫遊。書寫的德文因為與方言一直有接觸，所以能不斷從中注入新生命；法文相對則已經失去這種來自土地的質樸性，它根植於文學之中，因此不管就字義發展是利是弊，它都是某種已完成的語言。從這點來說，德文則更像仍未完成的語言。法文最完善之處，是在於能夠以最清晰簡潔的方式表達出一種想法；德文的優勢，則在於能以多樣的形式來表達它。在我眼裡，盧梭的《社會契約論》是法語文學中最偉大的創作，德語圈中最接近完美的作品則是馬丁路德翻譯的聖經與尼采的《善惡的彼岸》。

從法文寫作中養成總會注意句子結構的韻律感並盡量讓修辭更加簡潔的習慣後，我在使用德文時變成也會這樣自我要求。透過用法文撰寫這本書的過程，我也終於了解了何種寫作風格最能反映自己的秉性。

就像每個書寫藝術的人一樣，如何用文字把自己對藝術的評價與體會表達出來，也是我得面對的挑戰。因為所有關於藝術的看法都只能用比喻來表達。

一九〇四年的秋天，我總算可以通知正在威尼斯度假且不斷寫信催促我的魏多，說我的工作已差不多完成，而他也該開始著手寫答應過我的序言。這件事他立刻做到了。

這本在一九〇五年出版的書[9]，是獻給瑪提爾德・史懷哲（Mathilde Schweitzer）

9 《音樂詩人巴哈》（*J.S.Bach, le musicien-poète*），共四五五頁（Costallat. 出版，巴黎；Breitkopf & Härtel 出版，萊比錫），一九〇五年。

夫人的，也就是我住在巴黎的大伯母。要不是她在一八九三年介紹我跟魏多認識，還很親切地招待我到她家做客，讓我不斷有機會跟魏多共事相處，我應該不可能會有寫巴哈的念頭。

這本原來不過是為填補法國音樂文獻的一塊缺角而寫的書，後來在德國竟也被認為豐富了巴哈研究而得到肯定，真是讓人喜出望外。馮・呂普克（von Lüpke）在《藝術守衛者》期刊中，更提出這本書該有德文譯本的建議。於是緊接著在同年秋天，我與布萊特可普夫暨黑特爾出版社（Breitkopf & Härtel）談妥了出版德文版一事。

不過我在隔年夏天完成《耶穌生平研究史》一書並開始著手這本德文版的工作後，很快就意識到我根本沒辦法翻譯自己的書，若想完成滿意的作品，我勢必得重新埋首研究資料中。於是我闔上法文版的巴哈一書，決心再寫一本更好的新德文版巴哈。結果這本書從原有的四百五十五頁變成了八百四十四頁，大感驚愕的出版商也因此抱怨不已。新書的前幾頁是在拜羅伊特的黑馬旅館寫成的，就在觀賞完美妙無比的《崔斯坦》演出後。在那之前，我已經有好幾個星期的時間想下筆但卻徒勞無功；懷著剛從節日劇院歸來的那股激昂的情緒，我終於辦到了——即使樓下酒館的喧鬧聲不時傳到我又小又悶的房間裡，我還是文思泉湧振筆疾書，一直寫到隔天日出之後很久才停筆。從那一刻開始，我相當樂在這份工作之中，即使醫學課程、講堂備課、布道活動及巡迴音樂會這些事不允許我在那上面持續工作太久——因此也經常一擱置就數星期之久——，不過我還是在兩年內完成了這本書。

這本有關巴哈的德文版專書，出版於一九〇八年年初。[10]後來紐曼（Ernest Newman）以優美精準文筆譯出的英文版，就是根據這個版本。[11]

反華格納陣營的人在抵制華格納的行動中，引用了古典音樂的崇高理想為訴求——依他們自己所設定好的標準。他們把這種理想的古典音樂定義為純粹音樂，也就是那些對他們來說——他們相信自己可以這麼宣稱——沒有引發詩意與畫面性之情緒的空間，只考慮將優美和諧的聲音旋律盡量發揮到盡善盡美的音樂。而巴哈的作品透過巴哈學會的出版，自十九世紀中開始越來越為人熟悉，在他們眼中額外具備這種古典藝術，於是便被引用來對抗華格納；還有莫札特也一樣。對他們來說，巴哈的賦格尤其是不容辯駁的鐵證，因為它完全符合他們心目

10 《巴哈傳》，共八四四頁，Breitkopf & Härtel 出版，萊比錫，一九〇八年。

11 英文版分成兩冊發行於一九一一年，同樣由 Breitkopf & Härtel 出版，一九二三年倫敦的 A. & C. Black 出版社取得發行權。

中那種純粹音樂的理想。菲利普．史皮塔在他的兩大冊作品中就把巴哈描繪成這種類型的典範。他的這兩大冊作品，是第一部深入研究文獻資料後寫成的巴哈傳記。[12]

相較於把巴哈描繪成純粹音樂的聖杯守護者，在我的書中他是音樂詩人與畫家。所有用文字能夠傳達的情感與畫面，他都想以聲音為素材盡可能生動與清晰地再現出來。他尤其常以一連串流暢的音符描繪出景象，因此比起聲音的詩人，他更應該是聲音的畫家。與白遼士及華格納的藝術風格相比，巴哈要更接近前者一些。用文字所能描繪的上下飄盪的霧、呼嘯而來的風、潺潺流過的溪水、起伏不定的海浪、樹上凋落的秋葉、響起的喪鐘、沉穩行來的堅定信仰、蹣跚遲疑的薄弱信念、受挫的自傲者、張牙舞爪的撒旦、在雲端晃盪的天使——這些在巴哈的音樂中，你全都可以看見及聽見。

巴哈甚至擁有一種聲音的語言。在他的音樂中，有些旋律動機總會不斷重現，表達出平和的幸福、明快的喜悅、劇烈的痛苦以及莊嚴的痛楚。

渴望表達出具詩意的與畫面的想法，乃是音樂藝術的本質。它訴諸聆聽者天

12 第一冊出版於一八七三年，第二冊則是一八八〇年。

馬行空的想像力，希望讓他們心裡油然而生的那種情感體驗及影像畫面能鮮活起來。不過要做到這點，得看這位說著聲音之語言的人，是否具有如此不可思議的神技，能讓自己的想法——透過真正的表達力——明確且精準地再現。就這點來說，巴哈可謂大師中的大師。

他的音樂充滿詩意與畫面，因為其主題正源自充滿詩意及畫面的想像。從這些主題中，他的作品以一種完美的聲音建築形式來開展。在本質上具有詩意與畫面描繪性的音樂，會自我呈現為一種聲音的哥德式建築。這種藝術擁有原始的生命力及奇妙的可塑性，形式獨一無二且完美，其最偉大之處，就是它所展現出來的精神。那是一個在騷亂塵世中渴望平靜且享受過平靜後的靈魂，在自己的音樂中讓他人分享自身體驗。

* * *

巴哈這種藝術風格所帶來的結果，是如果想發揮最佳效果，就必須在聽眾面前重現它生動且完美的畫面性。然而這個演奏基本原則，至今還必須努力爭取被肯定。

一個違背巴哈音樂風格的既存事實，就是我們常用大編制的管弦樂團與合唱團來演出他的作品。清唱劇與受難曲，都是為二十五到三十人之間的合唱團與大約同等編制的管弦樂團而寫。巴哈的管弦樂並非合唱團的伴奏，它具有對等地位，而能夠對等一百五十人合唱團的管弦樂團是不存在的。因此我們將來或許可以這樣做，以四十到五十人之間的合唱團搭配五十到六十個樂手編制的管弦樂團，來演出巴哈的曲目；它們美妙的聲音必須融為一體，但旋律結構清晰可聞。

巴哈的女低音與女高音並不採用真正的女聲，而是用男童的聲音取代，即使獨唱時也一樣。僅由男聲組成的合唱團，會產生一種同質的整體感。因此我們至少也應該採用男童聲來輔助女聲；最理想的安排，則是女低音與女高音的獨唱都由男童擔當。

因為巴哈的音樂具有建築性，那種在貝多芬或後貝多芬音樂中用來反應情感的漸強與漸弱表達方式，對它並不恰當。在他的音樂中，強與弱的轉換只有在突顯主要樂句與淡化次要樂句時才具有意義。也只有在這個強與弱的範圍之內，才適合表現那種吟誦式的漸強與漸弱。假若這種漸強與漸弱的表達方式模糊掉強弱之間的差異，整首樂曲的結構就都瓦解了。

由於巴哈的賦格總是始於主要樂句，也終於主要樂句，因此不管是起始與或終了都不能以弱音來演奏。

幾乎毫無例外的，巴哈都被演奏得太快了。巴哈的音樂是以數條旋律線並行的視覺概念為前提，速度太快會使它失去清晰的旋律線，導致在聽眾耳中變成一團混亂。

真正能展現出巴哈音樂裡所蘊含的生命者不是速度，而是樂句的劃分；是它讓旋律線充滿活力，生動地在聽眾面前展現出畫面感。

奇怪的是一直到十九世紀中葉前，大家都普遍用斷奏的方式來彈奏巴哈，但在那之後卻又落入另一種極端，開始千篇一律地用起圓滑的連奏——一八九三年時，我在魏多那裡學到的就是這樣彈。不過隨著時間的推移，我慢慢有了這樣的領悟，巴哈所要求的是生動的分句。他是從小提琴手的角度來思考，音符在他的想像中，必須以某種方式相互連結卻又彼此分離，就像小提琴的弓拉出的音那樣自然。想把一首巴哈的鋼琴曲彈好，意謂著你得把它當成像在進行絃樂四重奏時那樣來演奏。

想正確地劃分樂句，得先正確地運用重音才能辦到。而巴哈要求把重音下在那些對旋律線走向具決定性的音符上，以凸顯其意義。他的樂段有個典型的結構特徵，就是原則上不從重音開始，而是逐步向重音；它們在巴哈的構思裡是弱起小節。還有另一點也必須注意：不要讓巴哈音樂旋律線的重音落在其自然的節拍重音上重疊在一起，而是要讓它獨立並行於一旁。如此在這兩種不同重音之間會產生一種張力，而巴哈音樂中那種非比尋常的節奏生命力，便是由此而來。

以上所述，乃是演奏巴哈音樂的外在要求。然而在這之外，他的音樂也要求我們成為專注沉穩、精神內斂的人，因為只有如此，才能真正為他音樂中深藏的靈魂賦予生命力。

我對巴哈音樂的本質及符合其精神的演奏方式之論述，因為適逢時機得到了肯定。巴哈的作品大致在十九世紀末時出齊了全集，許多音樂家是在彈奏過他的作品後，才領悟到他與學院派古典音樂的代表其實有些不同。他們對傳統的演奏方式同樣也感到疑惑，並開始另尋一種更能反映巴哈風格的詮釋方式。然而這些新的認知，在當時卻都沒有人表述過或為此立論過。因此我的書算是首度寫出那些關心巴哈音樂者思索已久的觀點，這也為我贏得了許多朋友。

這本書出版沒多久，我就收到了許多情意真摯的來信，每當想起這些內心就滿是感動。我景仰著的指揮家摩特（Felix Mottl）從萊比錫寫信給我，信中說有朋友在他從慕尼黑上火車時遞了這本書給他，然後他在火車上與旅館中把它一口氣讀完了。沒多久我跟他碰了面，後來又有過幾次機會，與他共度了愉快美好的時光。

透過這本書，我也認識了柏林的巴哈指揮家奧赫斯（Siegfried Ochs）。我們之間的友誼與時俱進，越來越深厚。

因為我把羅馬尼亞女王希爾瓦（Carmen Sylva）熱愛的巴哈變得更令人喜愛，她不僅寫了一封長信給我，後續還有更多的書信往來。她寄到非洲的最後幾封信，是用鉛筆勉強寫出來的，因為她飽受風濕折磨的手已經再也掌控不了鋼筆。這位王室貴婦不斷邀請我去做客——我唯一該盡的義務，便是每天為她彈兩小時的管風琴——，無奈我卻無法順從她的心意。在出發到非洲前的那幾年，我根本沒有餘暇讓自己休假，當我再回來時，她早已不在人世。

# 八、管風琴與管風琴的製造

撰寫巴哈這本書的工作，後來衍生出了另一個有關管風琴的研究，那是我在一九〇五年的秋天開始學醫前完成的。

我自外祖父那裡承襲了他對管風琴製造的研究與興趣，從還是個小男孩時，就很渴望認識管風琴的內部結構。

不過十九世紀末所做出來的管風琴，總讓我覺得不太對勁。雖然它們常被大家稱許為先進科技的奇蹟，我對它們卻沒辦法產生好感。一八九六年秋天，在第一次拜訪拜羅伊特後回家的路上，我特別繞道到斯圖加特去看那裡音樂廳新安裝的管風琴，它可是報紙熱衷報導的對象。不管音樂或為人都同樣傑出的朗先生是當地教堂的管風琴手，非常好意地向我展示了它的琴音。然而這座廣受稱頌的樂器發出的琴音有些刺耳，朗先生為我彈奏的巴哈賦格，也是聲音一片混濁，根本分辨不出任何個別的音，此時我心中原有的那個疑慮突然變成了肯定——就音色而言，現代管風琴代表的不僅不是進步，反而是退步。為了釐清這個事實並找出其中的原因，我在接下來那幾年有空時，都會盡量去認識各種新、舊管風琴。我也跟所有遇到的管風琴手與製造管風琴的樂匠討論這些問題，不過認為舊式管風琴的音色比新管風琴更優的這種看法，得到的回應通常是嘲弄與訕笑。連我用來宣揚何謂真正管風琴的那篇著作，剛開始也只得到少數人的理解與認同。這本小冊子發表於一九〇六年，也就是在讓我看法一百八十度大轉彎的斯圖加特行十年之後，標題為《德法兩國的管風琴製造藝術及演奏藝術》。[13]我在書中認為法國的管風琴製造工藝領先德國，因為他們在很多方面都還忠實保留傳統的製作方式。

一座管風琴聲音的品質與效果，決定於四個要素：音管、風箱、風壓以及它在一空間裡所安裝的位置。

經由世代傳承和自己累積的經驗，製造管風琴的老師傅知道什麼才是音管最好的大小比例與形狀。同樣地，他們在製造時也只使用最好的材料。現代的管風琴製造則經常根據物理原理來設計音管，於是也就經常將那些老師傅的智慧成就棄而不用。為了盡量降低製造成本，在材料使用上也很節省。因此今天那些工廠製造的管風琴音管，經常因為管徑太小、管壁太薄或用其他材料來取代最好的木質或最好的錫，而發不出聲音。

至於風箱，也就是上面連接著音管且風就是從此處注入音管中的那個箱子。相較於現代管風琴製造所使用者，早期人們所用的老式風箱（所謂的 Schleiflade）有不少技術缺點，此外也更加昂貴。然而如果就最後產生的聲音品質來說，它卻

13 《Deutsche und französische Orgelbaukunst und Orgelkunst》，共五一頁，一九〇六年（Breitkopf & Härtel 出版，萊比錫）。這篇論述先前刊於《音樂》雜誌（第一三與一四期，一九〇六年），之後於一九二七年再版。

要遠遠勝過現代的風箱；基於幾個特定因素，它的構造形式對音響效果提供了更有利的條件。

這種老式風箱上的音管，發出的音色既圓潤、柔和且飽滿；新式風箱上的則生硬、刺耳且乾澀。老式管風琴的樂音，有如行雲流水環繞著聆聽者；新式管風琴的樂音則有如猛浪來襲。

在老式管風琴裡，風灌進音管的力道是較為適度的，因為當時技術還不怎麼完善的鼓風器，沒辦法製造出更強的氣流。今天，我們則可以用功能強大的電動鼓風器製造出任何想要的風壓，於是人開始把風強力地灌進音管裡。從此一座擁有二十五個音栓的管風琴音量，可以像過去的四十音栓那麼大，受到這個事實的迷惑，人們不僅忽略了現在它的聲音不像發自一種管樂器，更像是吐自轟隆隆的汽笛，也忽略了管風琴雖然得到音量，卻失去了音質。

還有關於管風琴的類型——依如何讓琴鍵與音管產生連結的方式而定——，人們只是偏狹地想著要降低成本、完善技術，卻不夠重視怎麼使它在藝術表現上更臻完美。

如果說舊式管風琴的音質聽起來比今天所建造的還要好，原因經常在於它所安裝的位置更適宜。在一座中殿並不特別長的教堂裡，最佳位置就在入口上方，也就是在聖壇對面。此處高度夠且沒有障礙，它的聲音可以不受阻隔地向四面八方傳開。

但假若中殿很長，比較理想的位置會是在主殿中段有點高度的側牆上。這樣可以避免因回音而破壞演奏的清晰度。歐洲有許多大教堂的管風琴，目前還是以這種「燕子築巢」般的方式，懸掛在中殿的側牆上。一部四十音的管風琴在這種安置方式下，會產生六十音的效果。

今天的人因為力求把管風琴做到最大，且意圖把管風琴與唱詩班放在一處，常常把管風琴安裝在一個其實並不恰當的位置上。

就像教堂入口上方的閣樓空間如果只容得下一部中型管風琴——情況也確實經常如此——，人們可能會決定把管風琴安裝到聖壇上，這麼做最實際的好處，就是管風琴與唱詩班能在同個位置。然而放置在地面上的管風琴，音響效果是絕對沒辦法與從高處傳送聲音的管風琴相提並論的！它的聲音會沒辦法施展開來，尤其是當教堂滿座時。有多少其實非常好的管風琴，特別是在英國，就這樣因為它在聖壇上的位置而被掠奪了應有的聲音效果！

另一種把管風琴和唱詩班放在一起的常見做法，則是把入口上方閣樓的空間分配給唱詩班與管弦樂團，然後把管風琴往後放進某個拱形空間裡，問題是在這裡它的聲音效果也無法施展出來。管風琴就是該放進某個凹洞的想法，對現代建築師而言，簡直已變得太理所當然。

利用鍵盤與音管間電動連結的新技術，近來建築師與管風琴製造商得以克服距離的問題，將體積龐大的管風琴拆解成不同部分，安置在不同的位置，並在一個演奏台操作下共同發出聲音。這種方式所產生的效果，或許會讓眾人為之讚嘆，然而只有完整的管風琴，才能從它理當安置的高處，讓和諧一致的聲音流瀉至整個中殿，為聆聽者帶來真正藝術與莊嚴的氛圍。

如果教堂空間較大，又有一個強勢且附管弦樂團伴奏的唱詩班，想兼顧管風琴與唱詩班的唯一辦法，就是盡量把唱詩班與樂團都安排進唱詩班的位置，然後用一部地面直立式的小型管風琴在旁邊伴奏。不過這樣一來，彈奏大型管風琴的琴手當然也就沒辦法同時擔任唱詩班的指揮。

最好的管風琴，大約都建造於一八五〇年到一八八〇年之間。當時那些本身就是藝術家的管風琴師傅，善用歷代累積的技術成就，想完美實現席伯曼（Silbermann）及十八世紀其他管風琴製造大師對管風琴的理想。他們當中最重要者便是卡瓦葉・科爾（Aristide Cavaillé-Coll），巴黎聖母院與聖許畢斯教堂的管風琴即出自其手。聖許畢斯教堂裡那座完成於一八六二年的管風琴，先撇開幾個小缺憾不談，在我心目中是我所認識的最美的一座。它至今的表現仍然一如最初那樣優異，倘若能繼續這樣好好保養下去，相信之後的兩百年還是能同樣如此運作。巴黎聖母院的那座則相對地受盡磨難。由於戰時那些彩繪玻璃全被拆下另作安置，失去窗戶遮蔽的管風琴，因此也得承受曝露在各種天候狀況中的後果。我曾多次在聖許畢斯教堂的管風琴邊遇過年邁的卡瓦葉．科爾先生——他過世於一八九九年——，每個星期天他都習慣來教堂做禮拜。他最愛說的話當中有一句是：「當管風琴的每根音管四周都有足夠的空間讓人打轉時，就能發出最美好的聲音。」那個時期在管風琴製造上最具代表性的其他人物中，我特別推崇的還有北德的拉得加斯特（Ladegast）、南德的瓦克爾（Walcker），以及幾位像拉得加斯特那樣深受卡瓦葉．科爾影響的英國及北歐大師。

大約在十九世紀末期時，製造管風琴的大師變成了管風琴的工廠製造商，不想順應這種發展潮流的人，就無法生存。從此人們不再問一部管風琴的聲音聽起來好不好，而是關心它是否配有那些方便變換音栓的現代裝置，以及是否能用最少的錢買到音色最多的。在令人無法置信的盲目中，人們不是懷著虔誠與敬意去修復那些美麗的老管風琴，而是把它們拆掉，然後用工廠生產的取代。

最了解老式管風琴之美及價值的國家是荷蘭。那些美妙的老管風琴，雖然彈奏起來比較困難也有不少技術上的缺點，但那裡的管風琴手，並沒有因此就犧牲它擁有美麗莊嚴聲音的優點而將它捨棄。於是今天我們在荷蘭的許多教堂裡，還可以看到各式大、小型管風琴，它們在過去的歲月裡經由適切的保養修復，克服了技術上的缺失並保存了音色之美。有些老式管風琴的包箱外觀精緻華美無比，而荷蘭連在這方面的資產之富，都幾乎無他國能出其右。

* * *

我在那本著作裡所提到的關於革新管風琴製造的某些想法，後來逐漸得到了重視。在一九〇九年五月舉行於維也納的國際音樂學會會議上，一個管風琴製造討論小組在阿德勒（Guido Adler）的推動下首次成立了。在這個小組中，幾個志同道合的成員和我共同擬出了一份《國際管風琴製造規約調整》[14]，希望能消除對純粹技術成就的盲目推崇，再度以打造純正且音質優美的樂器為目標。

14 《國際管風琴製造規約調整》，共四七頁，一九〇九年（Artaria 出版，維也納；Breitkopf & Härtel 出版，萊比錫）。法文版《Règlement général international pour la facture d'orgues》，一九〇九年（Artaria出版，維也納；Breitkopf & Härtel 出版，萊比錫）。義大利文版《Regolamento generale internazionale per la costrzione degli organi》，共一七〇頁（頁一二三～一七〇為譯者 D.Carmelo Sangiorgio 之附錄），一九一四年（Bronte 出版）。

真正好的管風琴，必須結合老式管風琴擁有的優美音質與新式的技術優點，這樣的看法在那之後越來越被普遍接受。這本關於管風琴製造的作品，也終於能在發行二十二年之後，以一種原則上經認可的革新管風琴製造指南的形式再版。重印本內文不變，但增添了一段有關當時管風琴製造現況的後記，某種程度上也算紀念版本。[15]

十八世紀那些具里程碑意義的管風琴，在經歷卡瓦葉・科爾及其他大師的努力之後越趨完美。不過相對於它們在音色上已是我心中的典範，最近德國的音樂史學家更想把典範回溯至巴哈時代的管風琴。然而當時的琴其實並非真正的管風琴，只能算是管風琴的前身：它缺乏神聖壯麗的聲音，而這正是管風琴的本質特性之一。藝術的理想典範具有絕對性，並非古老就是好。有句話說得好：「一旦有了最盡善盡美的方式，就該停止用不夠完善的方式做事。」

管風琴製造應講究藝術價值與技術精良的簡單事實雖然得到了認同，要真正將其實踐出來的過程卻非常緩慢。追根究柢，問題在於今天管風琴的製造乃是從工廠大量生產而成。商業利益阻礙了藝術的追求。真正精心打造且具藝術價值的

15 《Deutsche und französische Orgelbaukunst und Orgelkunst》，萊比錫，Breitkopf & Härtel 出版。第二版出版於一九二七年，頁一～四八同原版，頁四九～七三為後記。

管風琴，往往會比已成為市場主流的工廠製品貴上百分之三十。因此真正有心提供好產品的製造者，等於是拿自己的生計來當賭注。把一筆能買四十音栓管風琴的錢拿來買三十三音栓者是正確的決定——會被這種說法成功說服的教會，畢竟鳳毛麟角。

有次我跟一位愛好音樂的甜點師傅聊到了管風琴與管風琴製造，他這麼說：「所以做管風琴跟做甜點的情況沒什麼兩樣嘛！就像現在的人已經不懂什麼是好的管風琴，他們也不懂什麼是好甜點。人們不記得那些用新鮮牛奶、新鮮奶油、新鮮牛油、新鮮雞蛋、最好的植物油、最好的脂肪、純天然果汁以及只加糖所做出來的東西，嚐起來是什麼味道。所有他們現在習慣的、容易買到的，都是用保久乳、保久奶油與牛油、脫水蛋白及蛋黃、廉價的油與脂肪、化學合成果汁及各種人工糖精所做成的甜點，因為眼前已經沒有其他任何選擇。在對品質缺乏概念的情況下，他們滿足於那些有著美麗包裝的產品。如果我想提供以前的那種好產品，就得準備失去客戶，因為就像那些優秀的管風琴師傅一樣，我的東西會貴三成……」

藉著巡迴音樂會，我有機會認識了幾乎所有歐洲國家的管風琴，也因此不得不相信，我們離真正理想的管風琴還很遠。但是這一天必然會到來——管風琴手要求製作精良且具藝術性的真正樂器，並以此讓管風琴製造者放棄工廠成品的生產。只是這個理念戰勝現實的一刻，會是在何時呢？

其實最主要的問題是出在風箱上。十八世紀的管風琴巨匠或卡瓦葉・科爾他們所使用的那種舊式風箱，儘管在技術上較為不利但音響品質非常優異，只要我們沒辦法做出像那樣的風箱——即使在技術上更先進——，管風琴的聲音表現就無法讓人滿意。當然，管風琴製造商會吹噓他們的現代風箱，宣稱它的品質與舊式風箱同等優異。不過這樣的說法是違背事實的。

＊　＊　＊

我犧牲了許多時間與精力為真正的管風琴而戰。不知道有多少夜晚，我把時間都花在替人評估或修改管風琴的設計圖上。也不知道有多少次的來回奔波，就為了能在現場研究管風琴整修或新安裝時的問題。我寫過好幾百封的信，給主教、大教堂主事、教會監理會會長、市長、牧師、教會理事、教會長老、管風琴製造者以及管風琴手，只希望能說服他們，他們那些美麗的老管風琴，應該要被修復而不是用新的來取代；也懇求他們，該關注的是聲音的品質而不是有多少種音色的數字；他們打算用在演奏台這種設備上——那上面有太多不必要的音栓變換裝置——的錢，也應該轉而花在以最好材質製成的音管上。然而這許許多多的信，許許多多的旅途奔波，以及許許多多的討論，最後常常是徒勞無功，因為這些握有決定權的人，選擇的終究是那些在說明書上看起來功能配備都格外豐富齊全的工廠製管風琴！

想要保存那些老舊的管風琴，是我所面對的最艱難的挑戰。為了救回這些獲判死刑的美麗管風琴，我不知費了多少唇舌！有些管風琴手在聽到這些年久失修、很少被珍惜的管風琴，是何等美好且必須保存的論調時，又是如何不以為然地失笑——一如年邁的撒拉聽到耶和華宣告她即將得到子嗣時的反應！又有多少原是朋友的管風琴手與我反目成仇，只因我成為他們以工廠製管風琴汰舊換新計畫中的絆腳石，或因為我所要求的聲音品質，他們不得不把屬意的音栓數刪減掉三、四個！

一直到今天，我還是只能無能為力看著人們不斷改造或擴建那些老管風琴——因為以今天的標準來說它們不夠壯觀宏偉——，直到它們完全失去原有的美感；或甚至看著它們完全被拆除，然後為價格不菲但品質一般的工廠製管風琴所取代！

我所拯救的第一座老管風琴，是史特拉斯堡聖多瑪斯教堂裡那座席伯曼所打造的美麗作品。天曉得我費了多少心力！

「他在非洲拯救老黑人，在歐洲則是救老管風琴。」有朋友是這樣描述我的。

執迷於建造巨型管風琴，在我眼中是一種現代社會的病態。管風琴不管再怎麼大，都不該超過教堂中殿所需要的及用來置放它的空間所允許的尺寸。如果能正確安裝在位置夠高且聲音不受防礙之處，一座真正的好琴只要有七十或八十個音栓，聲量就足以響徹最大的教堂中殿。每當被問到世界最大與最漂亮的管風琴是哪一座，我總習慣這樣回答：根據我所聽過與在報章上讀過的來說，自稱最大的應該有一百二十七座，最漂亮的則有一百三十七座。

相較於音色的多寡，管風琴的效果其實更決定於音色配置的方式。一座完美的管風琴，除了腳踏鍵盤之外，還須具備主風琴[16]、背部風琴[17]與增音箱風琴[18]，分別有各自對應的鍵盤。尤其是第二部琴必須確實做成背部風琴這一點很重要，也就是說，它必須像在舊式管風琴上那樣，擁有自己的琴身並置於主管風琴前方，這樣才能在空間與聲音上都與主要琴身上的兩部風琴分離。倘若這個第

16 譯註：另譯大風琴。
17 譯註：另譯小風琴。
18 譯註：另譯調量風琴、強弱音風琴。

二部琴也安裝在主琴的琴身上，就會失去自己聲音的獨立性，變成只是主琴的一種擴充。

現代管風琴儘管有許多音色和多層鍵盤，聲音效果卻還是不夠完美，原因即在於缺少背部風琴。其後果就是它只具有兩重而非三重的聲音獨立性。

為何才經過三個世代，管風琴手與管風琴製造者就不再重視背部風琴在管風琴聲音效果上的意義？終有一天，人們會對此表示質疑。更令人不解的是連卡瓦葉·科爾自己都被誤導，他取消第二部風琴的獨立性，並把它併入主風琴的琴身中。聖許畢斯教堂裡那座背部風琴寬敞的琴身，他不用來增加聲音的豐富性，反而讓它維持閒置，就是一個錯誤。

當然，另製一個背部風琴琴身的花費，可能會讓人得放棄多造幾個音栓。但是這並不重要，因為一部有十個音色的背部風琴，對聲音效果的影響勝過有十六個音色的主琴琴身。

現代管風琴的製造，還存在著另一種愚蠢的現象，就是把更多風琴做成的增音箱風琴。增音箱具有木質百葉窗似的門板，暫且不論琴身上有許多這樣的構造會防礙聲音開展，這麼做還會破壞增音箱風琴實際的效果。

管風琴的各部分風琴若能在空間與聲音上保有它們的特點，就是各自獨立的個體。其中主要風琴的特點，在於其聲音發自主要琴身下層且擁有飽滿圓潤的音色；背部風琴則是一部聲音明亮特出、能自外於主管風琴琴聲的小管風琴；增音箱風琴的特色則在於被安裝在主要琴身上層，能從至高的遠處向整個教堂傳送出密集且可調節音量大小的聲音。

管風琴因此是三位一體，三種分具不同個性的聲音在其中融為一體。每部風琴的特色發展得越好，三種聲音越能合而為一，管風琴就越臻完美。

舊式管風琴因為少了增音箱琴鍵而不夠完整，現代管風琴的不完美則是因為捨棄了背部風琴。由此可見，截長補短、融合新式與舊式的優點，就能產生最完美的管風琴。

基於製造技術上與聲音上的因素，管風琴沒辦法擁有三個以上真正具聲音獨特性的鍵盤。因此配備有四個或五個手鍵盤的管風琴，根本不符合藝術必要性。

一如管風琴製造，鋼琴製造也有過度追求能發出最大音量樂器的趨勢。沒錯，那種琴鎚可以在弦上敲出響亮聲音，體型大得驚人的平台鋼琴是為了因應某些巨大演奏廳的需求。然而做到能發出如此不自然之音量的結果，是犧牲掉原有的鋼琴音色之美。相較於這種音色沉悶含糊的巨型鋼琴，一部美麗的老艾哈爾（Erard）平台鋼琴在音樂室演奏時，聽起來是多麼截然不同！它在為演唱者伴奏時，聲音是多麼契合；那溫暖的琴音，又是多麼完美地與弦樂器融為一體！聽現代平台鋼琴伴奏下的貝多芬小提琴奏鳴曲，對我來說是一種折磨。那整個過程中，我彷彿只看到兩條涇渭分明的水路，一銀白一暗黑，相鄰奔流而來。

我對演奏廳管風琴的關注方式，與對教堂管風琴不同。因為即使是最好的管風琴，在演奏廳裡也發揮不出應有的效果，首先那裡面塞滿了聽眾，這會讓它的音色失去明亮與飽滿感。另外，演奏廳的建築師也總習慣把管風琴隨意安置在某個角落——所以它也發不出什麼好音色。管風琴需要一個有挑高石造穹頂的空間，在這裡即使群眾聚集，也不意謂著空間被塞滿了。管風琴在演奏廳裡比較不像在教堂裡那樣是個獨奏樂器，而更像是合唱團或管弦樂團的伴奏。我相信比起現在，作曲家在未來會更常把管風琴加入管弦樂團的編制中。管風琴的加入，會使整個樂音既有管絃樂的明亮悠揚與輕巧柔軟，又有管風琴的充沛飽滿。從技術層面來說，現代管弦樂團透過管風琴的加入，得到了音頻較低的管笛音色，因此才有了可以與高音對應的低音聲部。

在演奏廳裡讓管風琴隨著管弦樂團一起響起，對我而言總是充滿樂趣。不過如果必須在那裡進行管風琴獨奏，只要可能，我都會避免把它當成一般世俗的演奏樂器。我會透過曲目的選擇與演奏的方式，試著讓音樂廳變成教堂。不管演出場地是教堂或音樂廳，我最喜歡的就是透過合唱團所帶動的氣氛，把音樂會變成某種形式的禮拜。先由管風琴彈奏讚美詩歌的序曲，再由合唱團作為二部唱出讚美詩歌來回應。

管風琴的聲音穩定均衡且持續綿長，這使它本身具有某種永恆性。即使在世俗空間裡，它也未必得變成世俗的樂器。

能夠看見有幾座新的管風琴，大體上實現了我對教堂管風琴的理想，這得感謝阿爾薩斯的管風琴製造者黑爾普弗（Fritz Haerpfer）的工藝技能——這是他以席伯曼的管風琴為師習得的成果——，以及幾位教堂主事的洞察力，他們經過我的說服，在可運用的經費下選擇了最好而不是最大的管風琴。

奔忙於管風琴製造所帶來的多餘的差事與情緒，有時也會讓我頗為感慨，希望自己從未一頭栽進這些事。假若我一直沒有放棄，肯定是因為對我來說，為好的管風琴而戰，就是為真理而戰的一部分。每當在星期天想到那些還迴盪著高貴琴音的教堂，在我的奔忙下免於被劣質樂音所褻瀆，就深覺自己在過去三十年裡，所有為管風琴付出的時間與精神都得到了滿滿的回報。

# 九、決心成為叢林醫生

那是一九〇五年十月十三日，一個星期五，我把幾封信投進了巴黎大軍路上的一個郵筒。信是分別要寄我的父母和幾個最親近的朋友，告知他們為了日後前往赤道非洲行醫，從那個冬季學期開始，我便是醫科的學生。其中還有一封是辭呈，因為可以預見接下來學業會占用許多時間，所以我決定辭去聖多瑪斯教堂神學院主管的職位。

這個現在我想著手實現的計畫，其實在我心中盤旋已久。開始有這樣的想法是在學生時代，當時看著周遭有這麼多人天天生活在痛苦煩憂中，而自己卻過著幸福的日子，我感到無法置信且不能接受。記得在中、小學時，每當知道班上有同學家境堪憐，再反觀我們這些根斯巴赫牧師家庭裡的小孩環境相對優渥，心裡已有說不出的感觸。大學時期，我總是在慶幸自己能夠繼續求學、有餘裕從事一些學術與藝術活動的同時，想到那些因物質環境或健康條件不允許而無法像我一樣幸運的人。然後在一個陽光普照的夏日早晨——時值一八九六年的聖靈降臨節——，放假回根斯巴赫的我從睡夢中醒來，突然有了一個念頭：我不能理所當然地接受這樣的幸福，而是必須對此有所回報。我躺在床上沉思，在窗外鳥兒的鳴唱聲中，反覆推敲這個想法，然後在某種程度上跟自己達成了協議——我打算以三十歲為人生分界，為了在那之後能獻身直接服務人群，三十歲之前研究學問與藝術的生活，我就把它視為是合理的。耶穌曾說過：「凡要救自己生命的，必喪掉生命；凡為我和福音喪掉生命的，必救了生命。」過去有太多次我想要理解這段話的真義，現在我找到答案了。從此我不僅擁有外在的幸福，也擁有內心的喜樂。

這個未來計畫中的行動會是何種性質，當時我也沒有頭緒。我決定水到渠成，一切視情況而定。唯一確定的是它必須是一種直接為人服務——不管有多麼微不足道且不起眼——的行動。

最初我所想的，當然是某種在歐洲進行的活動。我計畫收養孤兒或無家可歸的孩子，教育他們，然後要求他們也盡一分義務，未來以同樣的方式幫助跟他們境遇相同的小孩。一九〇三年，在我以神學院主管的身分，搬進聖多瑪斯學院二樓那間寬敞明亮的公寓時，終於有那樣的條件可以試試這個計畫是否可行。於是我向各方表示自己的意願，無奈還是到處碰壁。那些負責照顧孤兒及流浪孩子的機構，根據其規章沒辦法以這種方式來跟志願者合作。例如我曾在史特拉斯堡的孤兒院發生大火後，向他們的院長表示過願意收養幾個男孩，然而他根本連讓我說完話的機會都不給。至於其他的嘗試也同樣是徒勞。

* * *

也有過一段時間，我考慮將自己的未來奉獻給流浪漢與出獄的受刑人。為了有某種程度上的準備，我參加了聖多瑪斯教堂恩斯特牧師的一個計畫。這個計畫的執行方式是，每天下午一點到兩點這段時間，任何想尋求協助或留宿的人都可上門諮詢。但是對於這些人，他不會只是隨便給點救濟物資或讓他們苦候直到個人資料調查完成，他會提議當天下午就直接到這些人家裡或寄宿處拜訪，查證他們對自身狀況的敘述是否屬實，以確保之後能依他們需要的程度與時間長短來提供協助。為此我們不知道騎著腳踏車在城裡和郊區奔波過多少回，然而得到的結果卻常是申請人留下的住址處根本查無此人。不過在許多案例中，我們確實也因此有機會根據實際狀況來提供改善求助者生活上的協助。一些摯友的慷慨解囊，更促成了這些善舉。

學生時代的我就已經是「聖多瑪斯團契」的一員，參與社會救濟的活動。這是聖多瑪斯學院的一個學生組織，每位成員每星期都會去拜訪自己被分配到的幾個貧困家庭，把批准給他們的援助物資帶去，並順便回報他們的現況。所有這些花費的資金，都是我們向贊助者籌募而來。這類募款活動原本是好幾個世代前，由史特拉斯堡一些擁有資產的古老家族所發起，現在則由我們接收過來。如果我沒記錯的話，每年我們都得拜訪這些贊助者兩次，向他們募得一定金額的款項。對我這種個性羞澀又不善交際的人來說，那可真是一種折磨。懇求他人捐獻在未來應該是我所無法迴避的，而在這個先行體驗中，我想自己有時雖然表現得非常笨拙，但至少也學到了幾點：技巧性且矜持自制的懇請，比直接了當的態度更能獲得認同。此外，態度和善地接受他人的婉拒，也是有求於人時正確的應對態度。

想當然爾，因為年輕缺乏經驗，所以即使出發點很好，我們也未必能將所有他人所託付的金錢做最好的運用。然而它讓年輕人負起關照窮人的責任，就此而言，這些錢也算完全發揮了應有的作用。因此我常心懷感激地回想起那些願意理解並慷慨贊助我們行動的人，也希望更多學生能以這種方式，得到受捐贈者委託的殊榮，加入對抗急難的服務行列中。

協助無家可歸者與出獄受刑人的經驗，讓我明白了一件事，想要有效地幫助他們，必須透過許多奉獻在此事業上的個體。但是我同時也深刻理解到，如果沒有跟組織合作，單靠個人也不可能有任何成效。我真正想做的是一種絕對個人、完全自主的事。因此我雖然決定必要時也可以為組織服務，卻不放棄這樣的希望——或許我終究能找到一種以自由個體來奉獻自我的行動。而這個願望，後來果真實現了。我始終將其視為是上天賜與且隨時都能重新體驗到的大恩典。

那是一九〇四年秋天的一個早晨，我在宿舍住處的書桌上發現了一本綠色封面的雜誌，是巴黎傳教協會用來報導他們活動的那種常見的月刊。有位叫雪德琳的小姐經常寄給我這本刊物，因為她知道我以某種特別的方式對這個傳教協會感到興趣——小時候我曾聽父親在教會禮拜中朗讀過一些信，那是此協會最早一批傳教士中一位名叫卡薩里斯的人所寫，這讓我留下深刻的印象。於是就在我準備開始工作，並想把這本前晚我不在時被放到書桌上的月刊拿到一旁時，我隨手翻開了它，然後看到一篇標題〈是什麼讓剛果傳教工作陷入困境〉[19]的文章。作者是這個協會的會長柏格納先生，阿爾薩斯人，內容在感嘆因人力不足，以致於他們在剛果殖民地北部省分加彭那裡的傳教工作無法運作。他同時也表達，希望這個呼籲能讓那些「主的目光已停留你身的人」下定決心，盡快投入這項迫切的工作。文章的最末段寫著：「任何對主的指示直接回覆以『主啊，我這就來了』的人，就是教會需要的人。」

讀完這篇文章後，我平靜地開始工作。知道自己所追尋的已有了答案。

19 《福音傳教月刊》（*Journal des Missions Evangéliques*），一九〇四年六月，頁三八九~三九三。

＊＊＊

幾個月之後，我彷彿像「想蓋一座塔且正估算著自己能否做到」那個寓言中的男人一樣，一面思考未來，一面度過了我的三十歲生日。我決定以後要在赤道非洲，實現自己純粹為人服務的計畫。

除了一個我很信任的朋友之外，沒有人知道我的計畫。因此當其他親友接到我從巴黎寄出的信之後，突然間我得面對一連串與他們之間的艱苦奮戰。不過相較於指責我的計畫本身，他們似乎更怪罪我沒事先找他們商量的這種不信任行為。在那幾個叫人難受的星期裡，他們就用這些枝微末節的問題，無止盡地折磨我。對神學圈裡的朋友反應特別激烈這件事，我尤其覺得荒唐。因為他們自己應該全都引用過下面這句話，來進行精彩或甚至是「非常」精彩的布道——使徒保羅在《加拉太書》中說，他所想為耶穌做的事，事先未與任何血肉之軀商量過。

親朋好友交相指責我的行動荒謬至極、毫無意義。在他們眼中，我就像個埋沒自己真正的天賦，卻寄望靠錯誤才幹來得到好處的人；他們認為我應該把混在野人堆裡工作這件事，留給那些不會因此而白白浪費自己學術知識與藝術才華的人去做。疼愛我如己出的魏多，則嚴厲斥責我就像個想要持槍親上火線（當時還沒有戰壕的說法）的將軍。一個滿腦子現代思想的女士也試圖向我證明，透過演講為那些土著尋求醫療協助所能做到的，會遠比我現在的計畫更多，她說哥德《浮士德》中的「太初有為」這句話已不合時宜，現在流行的是「宣傳乃事件之母」。

在當時許多讓我疲憊不堪但還是堅持到底的激烈論戰中，最讓我費解的是某些公認具基督精神的人，居然完全沒有「渴望為耶穌所宣揚的愛奉獻，足以讓人偏離原有的生命軌道」這樣的想法，僅管這種信念他們都曾在新約聖經上讀到過，而且當下也覺得很有道理。我原本很理所當然地認為，比起有機會在我的例子中確認這種精神，對耶穌語錄的熟悉會讓他們在理解上容易得多。此外，人有時得置身特殊環境中來實踐耶穌愛的信條——在我不得不搬出這個論點，來說明自己的行為是出於遵循這種呼籲的使命感時，有好幾次甚至經歷被指責過分自以為是的難堪。整個來說，有這麼多人自認有權撕裂我的防備想窺探我的內心，當時真叫我苦不堪言。

然而想敞開心胸，以讓他們能直視我的決定是源自哪些信念的做法，照例也一點用都沒有。他們認為那背後必定隱藏了其他因素，更猜測我或許是因為對前途感到失望，即使這樣的猜測毫無根據，因為事實上以我的年紀所得到的肯定，對許多人來說得奮鬥一生才能享有。還有人猜測，我應該是遭遇到某些傷心事才會做此決定。

相較之下，有些人沒有試圖把拳頭伸進我的內心，而是把我當作腦袋不怎麼清楚且作風老派的年輕人，然後帶著善意嘲弄一番，這對我反倒是一種真正的仁慈。

不過捫心自問，所有那些來自親友的指責，他們在質疑我的計畫是否理智時所說過的話，其實完全合情合理。身為一個總要求在理想主義中保持清醒的人，我很清楚在無路之境每踏出一步都是種冒險，只在特殊情況下才具有走向成功的前景。然而我認為就自己的案例來說，這種冒險是合理的，因為我對此已思慮良久，也從各個面向仔細分析過，而且我自信、健康、沉穩、精力充沛、做事務實、有韌性、細心謹慎、生活簡樸，也擁有實踐這個理念的其他必備條件。除此之外，我性情堅毅，承受得起計畫可能的失敗。

* * *

作為一個獨立行動者，從此就有許多同樣想從事冒險的人來徵詢我的看法，並希望得到建議。不過我只對其中相對少數的個案，承擔起無條件鼓勵他們去做的責任。我更常不得不這樣確信，所謂「想做些特別的事」的需求，事實上是基於一顆不安定的心。他們希望獻身於更大的任務，因為眼前看到的那些已無法滿足自己；還有很多時候，他們甚至是因一些完全枝節的考量而做某個決定。只有在每件工作上都能找到價值，對每件事都充滿責任感且全力以赴的人，才能理直氣壯地將一種非比尋常的——而非自然而然落到頭上的——任務設定為目標。也只有把自己的計畫視為理所當然而非超絕不凡，不信奉英雄主義而只相信認真熱誠盡責的人，才能當這個世界不可或缺的精神探險家。沒有創造事蹟的英雄，只有犧牲與吃苦的英雄。這樣的英雄很多，只是大多不為人所知，而且即使為人所知，知道也只是少數而非多數。

卡萊爾（Carlyle）所寫的《英雄與英雄崇拜》，在他著作中算不上有深度。

在那些內心不知為何總有股迫切、且確實有能力獨自完成生命志業的人當中，絕大多數都礙於環境而不得不放棄理想。他們通常因為有家累或為維持自己的生計，得保持有一份工作。時至今日，唯有真正在物質上沒有牽絆的人——不管是仰賴一己之力或有忠實朋友資助——，才敢放手走向追求個人目標的路。這在以往並非如此，過去的人即使放棄原有的經濟收入，總還是有機會以某種方式繼續活下去。然而想在當前艱困的經濟景況下這麼做，就得承擔可能不僅在物質上、連精神上都落空的風險。

於是我不得不在一旁目睹且經歷這樣的現實：才德兼備的人，因為環境不允許而必須放棄對這個世界可能極具價值的個人行動。

所以那些有幸能夠實現個人願望的人，應該以更謙卑的心來接受這種幸運。他們必須時時謹記，許多人同樣有意願及能力但卻礙於現實無法像自己一樣做這件事；他們尤其應該在謙遜中，鍛鍊自己堅強的意志。他們幾乎總是注定得不斷追尋和等待，直到終於發現那條可以實現自我的路。那些一生中得以實現理想的歲月比尋找和等待的時間還長的人是何等幸運！而他們若能真正毫無保留地奉獻，又是何等幸運！

這些受老天偏愛的人也必須保持謙卑，在遭受阻力時不被激怒，而以這乃是「免不了的事」的心態來面對。決心行善的人，不該期待有人會幫你清掉路上的絆腳石，而該預期在命運的捉弄下，路上甚至會被人放上石塊。只有在經歷阻礙中逐漸強大的內在力量，才能克服命運。一味反抗命運的人，只會不斷自我消耗。

在人類所懷有的理想願望中，總是只有一小部分能真正變成吸引公眾目光的行動，其他大部分則注定只會在乏人聞問中實現。不過這些毫不起眼的作為總合的價值，卻超越那些眾所矚目的行動千千萬萬倍；它們跟後者的關係，就如深遠不可見的海洋與在它表面波動的海浪。那些無法將奉獻他人作為人生志業而只能當兼業來做的人，就是那股不可見的善行力量之化身。許多人生來的命運，就是得為養家糊口而做著一份多少有點缺乏靈魂的工作，這種工作只需要投入很少或甚至幾乎不需要人性，因為人幾乎得像一部機器那樣工作。然而不管處於何種境地，只要是人，就有機會以某種方式用人的角色來盡其所能。組織化、專業化與機器化的工作帶來許多問題，即使我們的社會無法見容因此產生的景況，而是只要可能就盡量維護身為個人之權利，也僅能解決一部分的問題。真正重要的是，當事者不能就這樣聽天由命，即使是處境不利，也應尋求以精神行動，堅守自己具有自我人格的立場。任何渴望有機會——不管多麼微不足道——為需要他人的那些人以「人」的身分來行動者，他在工作生活之外的「人的生活」，就是一種自我救贖。透過這麼做，他將自己獻身於精神與行善工作，以直接為人奉獻為人生副業的人，不會被命運拒絕。如果有這麼多該做的事卻尚未被實踐，原因是在於我們錯失了機會。

每個人都有能力以他本身的條件，竭力對他人實踐真正的人道，而這正是決定人類未來的關鍵。

因為我們的耽誤與不作為，在每個當下，都有數量驚人的有價值之事停留在

「空談」的狀態。但是它們若能被轉化為意志與行動，就是一種我們不該低估的財富。人性根本一點都不像某些愚蠢空話常主張的那樣物質化，就我對人性的觀察與了解，我確信人在內心深處具有的理想願望，要遠比表面所顯現出來的多。就好像溪流中可見的水要比地下伏流少得多一樣，人類顯現在外的理想主義，也比那些隱藏在心裡尚未釋放或從未釋放過的理想，要少得多。釋放出那些尚未釋放的理想，引導深處的伏流至地表：人類引頸期盼著這樣的有為者。

＊＊＊

對朋友來說，我這個計畫中最不理智的一點，是不以傳教士而是以醫生的身分前往非洲，這等於是讓已經三十歲的自己，又得先承擔一段漫長且艱苦的學習。習醫意謂著巨大的壓力與辛苦，這點我從未懷疑過。展望接下來這幾年，我心裡也感到焦慮惶恐。然而讓我決定以醫生的身分去走這條奉獻之路的原因是如此具有份量，使其他否定這項決定的考量，都因此變得微不足道。

我想當醫生，是希望不需要靠任何「談話」也能有所作用。多年來，我以語言的形式來奉獻所能，在神學講師與牧師的職位上也工作愉快，但是這個新的行動，在我心目中不再是一種對耶穌愛的宗教之宣揚，而是一種真正的實踐。醫學知識能讓我以最好且最全面的方式來使這個計畫成真，不管這條奉獻之路最後會把我引領向何方。就計畫中將前往赤道非洲這點來看，獲取醫學知識更顯得特別重要，因為根據傳教士們的報導，在我想去的那個地區，人們所迫切需要的服務就是醫療。在那些傳教刊物中，他們不斷為沒辦法替那些身體有病痛的土著提供必要的協助深表惋歎不滿。因此為了有天能醫治這些可憐的人，我判斷學醫是一件值得做的事。每當覺得為此犧牲的幾年時間實在過於漫長時，我就提醒自己，哈米爾卡與漢尼拔在準備好進軍羅馬之前，也經歷了艱困且曠日費時的西班牙征戰。

還有另一個著眼點，似乎也讓我有必要成為醫生。根據我對巴黎傳教協會的了解，我很懷疑自己是否能以傳教士的身分被他們接納。

十九世紀初，在基督教最虔誠且嚴守教義的信仰圈中，成立了一些到異教世界宣傳福音的社團。自由派的人也差不多在這個時間，開始意識到將耶穌教義傳播給遠方那些族群的必要性。然而在行動上，那些比較嚴守教義的教徒已經取得了先機；他們透過自己活躍於教會組織之外的社團，比起當時在教會內部居領導地位、影響也因此遍及整個教會的自由派者，在獨立行動的能力上更強。此外，那些嚴守教義者虔誠秉持著「拯救靈魂」的理念，也使他們在進行傳教時，比自由派的基督徒有更強的動機；後者傳教的理念，是更想讓福音在異教世界裡，成為一種使人及社會環境重生的力量。

當虔信派與正統派的傳教團體開始運作時，也在認同傳教活動的自由派圈子裡獲得了支持。有很長一段時間，自由派的人都相信他們可以不用建立自己的傳教團，他們期待只要所有的新教徒都參與現有的傳教團，假以時日就能以這種方式來共同經營傳教事業。不過他們錯了。那些傳教團雖然接受來自自由派教徒的所有物資贊助——我父親與他在阿爾薩斯的同仁，不知為這些信仰理念與觀點不同的傳教團做了多少事！——，卻不會派遣不服從其教規要求的教士參與傳教服務。而自由派的新教徒本著無私的態度，長久沒有建立自己的傳教事業，只透過支持贊助其他教派來奉獻，終究被冠上不認同傳教且對此沒有任何作為的惡名。想要建立自己傳教團的決定，早就為時已晚，他們只能放棄以新教教會之名進行傳教活動的希望。

人們指責那些傳教行動領導者的作風完全自相矛盾，因為他們一方面要求各方的支持贊助，彷彿傳教完全有關福音，另一方面卻只接受與他們有共同宗教理念的人為傳教士。也就是說，他們會依據自己「背後的那個教派圈」的意見來選派傳教士，必須小心顧慮其觀點才能做決定。

總讓我覺得很趣的一點，是那些傳教士本身在思想上一般比他們的教團領導來得更自由。因為經驗告訴他們，置身於這些遠方族群——尤其當地土著——之中，我們對基督教應更具教條約束或更自由的這個問題假設，在這裡根本是不存在的。此處真正重要的事，是宣揚登山寶訓中福音最根本的道理，並引領人們進入耶穌的精神國度。

而父親之所以對巴黎傳教協會特別有好感，就是覺得它比起其他組織更具自由的氣息。尤其是卡薩里斯與它其他幾個重要的傳教士，他們的報告不會充斥著溢美不實的宗教詞彙，多是從單純素樸的基督徒心裡發出的肺腑之言。

然而正統信仰觀念的問題在巴黎傳教協會裡的重要性，與其他地方其實並沒有兩樣，這點我在向他們提出服務的申請時，便立即徹底地意識到。那和藹可親的傳教團團長柏格納（Boegner）先生，雖然對於有人回應他的呼籲、願意參與在剛果傳教的任務深表感動，卻也隨即向我透露，首先非得排除教團委員會成員對我的神學立場所提出的嚴重疑慮不可。在我向他保證我只想以醫生的身分前往時，他心中的那塊石頭才終於落下。但是沒多久之後他又通知我，委員會中有幾個成員，甚至也反對接受一個「只有正確的基督之愛、卻沒有正確信仰」的傳教醫生之服務。不過我倆都同意先不要對此過度擔心，並相信那些成員還有好幾年的時間，來找到真正的基督教徒之理性。

其實作風比較自由的瑞士共同福音傳教社，應該會無條件接受我以傳教士或醫生身分加入他們。然而我是因為巴黎傳教協會刊物上的那篇文章，才產生前往赤道非洲的使命感，因此至少得先嘗試加入在那裡活動的他們。另外，我也很想知道這個問題的答案——一個傳教社團在耶穌福音之前，是否真的相信自己有權拒絕一個醫生為他們傳教區裡受苦的土著服務，只因在他們眼中他的信仰不夠正統。

不過反正在我的醫學課程開始時，每天的工作與煩憂已經讓我幾乎焦頭爛額，根本沒有時間與精力去研究往後會發生什麼事。

# 十、習醫歲月：

一九〇五～一九一二年

當我以學生身分向當時醫學系的系主任費林（Fehling）教授報到時，他最想做的事其實是把我轉介給他在精神科的同事。

然後十月底的某一天，我在濃霧中去上了第一堂解剖課。

此時其實還有個法規上的問題亟需解決：身為大學教職人員的一分子，我不能同時註冊為學生。可是如果只以旁聽生的身分來出席醫學課程，依照規定又不能參加考試。還好後來在行政部門的善意通融下，我被允許可以用醫學系教授們開給我的上課證明來登記參加考試。而在教授那方面，他們甚至決定讓身為同仁的我，學費全免地聽所有的課。

在臨床前的五個學期中，教過我的教授有：解剖學的許瓦本（Schwalbe）、魏登萊希（Weidenreich）與福克斯（Fuchs），生理學的霍夫邁斯特（Hofmeister）、艾瓦德（Ewald）與斯畢羅（Spiro），化學的提勒（Thiele），物理學的布朗（Braun）與孔恩（Cohn），動物學的歌特（Goette）以及植物學的索姆斯伯爵（Graf Solms）與約斯特（Jost）。

從此時開始，我的日子有好幾年都是在與疲累搏鬥中度過的。我沒辦法立刻放棄在神學院教書與在教會布道的工作，於是我一面在醫學院讀書，一面繼續在神學院授課，然後幾乎每週日都在禮拜上布道。開始上醫學課程時，在神學院授課的工作特別沉重，因為當時我正開始處理有關保羅教義的問題。

連管風琴在那時候都占掉我比之前更多的時間，因為巴黎巴哈學會的指揮布雷特（Gustave Bret）——此學會是他、杜卡斯、弗瑞、魏多、吉爾曼特、丹地以及我在一九〇五年共同成立的——，堅持他的每一場音樂會我都得負責彈奏管風琴。為此有好幾年的時間，我都得在冬天時多次往返巴黎，雖然只需要參加最後一次的排練，晚上也還能在演奏完後搭車回史特拉斯堡，每場音樂會還是會花掉我至少三天的時間。回想起來，有些在聖尼可萊教堂的布道講稿，我還真不知道是怎樣在巴黎與史特拉斯堡之間的火車上擬出來的！此外，我也曾替巴塞隆納的加泰隆尼亞合唱團（Orféo Català），在巴哈音樂會上擔任過管風琴伴奏。整體而言，我比以前更頻繁地參與音樂演出，不過這並非因為這段時間我在管風琴演奏上打開了知名度，而是在少掉神學院主管的那份薪水後，我得找機會增加收入。

我很慶幸能利用經常前往巴黎的機會，與這幾年來在那裡結識的朋友聚聚。他們之中與我交情最好的，就數感情細膩且音樂才華洋溢的萊納赫太太（Fanny Rainach）——知名學者提奧多．萊納赫（Theodor Rainach）的妻子——，以及歐吉妮皇后的朋友波塔利伯爵夫人（Melanie de Pourtalès），也就是與皇后一起出現在溫特哈爾特（Winterhalter）所繪的名畫中的那一位。波塔利伯爵夫人在史特拉斯堡附近有片莊園，我在那裡經常遇到她的一位朋友梅特尼希・桑朵（Metternich-Sandor）侯爵夫人，是拿破崙三世時期奧地利駐巴黎使節的夫人。而華格納的《唐懷瑟》當時能在巴黎歌劇院上演，其實都是拜這位夫人之賜。她在一場舞會上與拿破崙三世聊天時，說服他指示下屬把這部作品排進了節目單裡。在她看似隨興的言行舉止之下，潛藏著無比的聰慧與善良；從她那裡，我聽到不少華格納拜訪巴黎時發生的趣聞及拿破崙身邊那些人的軼事。然而我是後來從她寄到非洲給我的信中，才領悟到這位出色的女性擁有何等高貴的靈魂。

我在巴黎時也與赫倫史密得（Adele Herrenschimdt）小姐往來頻繁，她是一位老師，也來自阿爾薩斯。

至於加泰隆尼亞合唱團的指揮米勒先生（Luis Millet），初次見面時，我就立刻對這位才華洋溢且很有思想深度的藝術家產生好感。也因為他的緣故，我才有與知名的加泰隆尼亞建築師高第碰面的機緣。當時他還在忙著聖家堂的建造工程，這座風格獨樹一幟的教堂，此時剛完成它那上面聳立著高塔且氣勢恢宏的大門。就像那些中世紀的建築大師一樣，高第一開始便有這樣的認知：這個作品勢必會歷經幾個世代才能完成。有一幕我總無法忘懷，他在教堂邊的工地小屋裡，以完全像被他同鄉拉蒙·柳利（Raymundus Lullus）[20]附身的口吻，向我介紹他那由比例來掌控造形線條的建築原理，是如何展現在那些神祕且處處可見的神聖三位一體象徵裡。「這一點不管是用法語、德語或英語都無法表達，」他說：「所以我得用加泰隆尼亞語來跟你說明，雖然你不懂這個語言，但一定能夠領會。」

當我細看已完工的大門入口處以石頭鑿出的「逃往埃及」一幕，並讚嘆那隻因負重而顯得疲憊不堪的驢子是如此栩栩如生時，他對我說：「你對藝術有些了解，因為你察覺得到這隻驢子不是憑空創造出來的。你在這裡所看到的石頭上刻畫的形象，沒有任何一個是想像出來的，他們在石頭上的樣子，就是我實際上看到他們時的模樣。不管是約瑟、瑪麗亞、小耶穌或寺院裡的僧侶，全都是我從遇到的人當中去找出最適合的形象，然後再依他們的石膏模在石頭上鑿成的。至於那匹驢子，可就真的有點難度了。在我要為「逃往埃及」這個主題找一匹驢的消息傳出後，有人幫我牽來了巴塞隆納最漂亮的一匹。但是我沒辦法用牠。瑪麗亞與小耶穌不是坐在一匹漂亮、強壯的驢子上，這匹驢子應該是可憐、衰老且疲憊不堪的，但牠會有張和善且洞悉世事的臉。這才是我要找的驢子。我終於找到了

20 譯註：一二三五～一三一六年，加泰隆尼亞作家、邏輯學家與神祕主義神學家。創作了加泰隆尼亞文學首部重要作品，促進了加泰隆尼亞語的發展。

牠，在一個賣去汙砂婦人的駝車前，牠的頭幾乎無力地低垂到地面。我費盡唇舌才說服這婦人帶她的驢子來找我，當我把驢子身上的石膏模一塊塊拆下時，她哭了出來，以為驢子活不成了。這就是「逃往埃及」中的那隻驢子，牠之所以會給你那樣的感受，是因為牠並非想像出來，而是真實存在的。」

＊＊＊

在開始上醫學課程的頭幾個月裡，我寫了那篇有關管風琴製造的論文，也完成《耶穌生平研究史》這本書的最後幾章。一九〇六年的春天，我正式卸下神學院主管一職，這意謂著我得搬出聖多瑪斯教堂區的宿舍，我自學生時代以來的家。這些年來，我在這座四周有牆環繞的花園裡，跟那些大樹有過無數的祕密對話——尤其在思考工作時——，因此實在捨不得與它們道別。不過讓人喜出望外的是，我可以住到聖多瑪斯教士會的大房子裡。庫爾丘斯（Friedrich Curtius）先生提供了頂樓的四個小房間讓我使用，於是我可以繼續就近生活在聖多瑪斯教堂的庇蔭下。曾任科瑪郡郡長的庫爾丘斯先生，那時在阿爾薩斯全體教士的推舉下，被任命為阿爾薩斯路德教會的會長，而他寬敞的官邸就在這幢聖多瑪斯教士會的大房子裡。於是在一九〇六年那個下著雨的守齋節，學生們幫我把所有的家當從堤岸區住處的房門搬出，然後再搬進另一個房門裡。

能夠像家裡的一分子那樣自由進出庫爾丘斯家，我很珍惜這樣的幸運。庫爾丘斯先生的父親即前述的柏林著名古希臘語文學家，也是腓特烈大帝的家庭教師；他的夫人露易莎・馮・埃爾拉赫（Luise von Erlach）女爵，則是馮・巴登女大公家庭教師之女，也是腓特烈大帝的姊妹。這個家庭的傳統因此是一種知識貴族與血統貴族的結合，而其精神核心就是上了年紀的馮・埃爾拉赫伯爵夫人，娘家是紐夏特爾地區的梅伯爵家族。她因為健康狀況不允許，已經沒辦法再出門，為了稍微彌補這位熱情樂迷不能參加音樂會的遺憾，我幾乎每天晚上都會為她彈一小時的鋼琴，於是跟平常已經很少與人見面的她也親近了起來。這位顯要尊貴的夫人，在這段時間對我產生很大的影響，我能磨掉自己性格中的某些稜角，全都歸功於她。

一九一〇年五月三日那天，一位名叫溫徹爾斯的飛行員，從史特拉斯堡——新村附近的練兵場出發，成為第一個飛越史特拉斯堡的人。當這件事毫無預警地發生時，我碰巧在老夫人的房間裡，正扶著已經行動不便的她走到窗邊。在那架飛機低空飛過屋前然後消失在遠方時，她以法語驚嘆地說：「我的人生太奇妙了！我曾經與馮・洪保德討論過去分詞的用法，現在又見證了人類如何征服天空！」

與老夫人同住的兩位未婚的女兒雅達與葛蕾達，都從母親那裡繼承了繪畫天分。在我還任職神學院主管時，曾把我那寬敞的公務宿舍裡一間面北的房間，讓雅達充當畫室——她是畫家亨內爾的學生——，也曾應她母親的要求，坐下來當模特兒讓她作畫，希望她能藉著重拾畫筆來療癒身心。為了暫緩一種藥石罔效之疾所帶來的痛苦，她曾經歷過一次重大手術。她在我三十歲生日那天完成了我的畫像，完全不知道最後一次坐在那裡讓她作畫的我，這天有滿腹的心事。

老夫人有位叔叔是在荷蘭海外殖民地服務過多年的官員，從未得過熱病，而他的結論是：自己在熱帶地區從未在日落後光著頭不戴任何東西就離開屋子。基於這點認知我因此必須向她發誓，在想到她時一定也要如此照做。於是我因為她的緣故，從未在赤道地區炎熱的白晝之後光著頭享受過傍晚的微風。不過遵守誓言是有好報的，我確實從未得過瘧疾——儘管在熱帶的傍晚光著頭出門，當然不是讓人得瘧疾的原因。

＊　＊　＊

一直要到一九〇六年的春天，也就是在我完成《耶穌生平研究史》這本書並移交神學院的管理工作後，我才真正有足夠的時間投注在新課業上。此時我尤其專心致志於自然科學，因為我終於有機會全心全意學習自己從中學以來就最感興趣的東西！也終於能夠獲取我所需要的知識，以便在哲學的世界裡腳下也踏著真實世界的土地！

然而致力於自然科學所帶給我的收獲，並不僅限於我所渴望的知識完整性。對我而言，那也是一種智識的體驗。在所謂的人文社會科學裡，也就是我至今鑽研的領域，本身不存在可自我驗證的真理，只能透過一種假設觀點來尋求真理的有效性，而我覺得這對人會造成一種心理危機。在哲學史的領域中建立真理，就是在追求真實性與講究創造想像力這兩方之間，上演著反覆且無止境的角力。而實用論點在對上巧妙鋪陳的意見時，從來就沒辦法得到明確的勝利。論述精巧的觀點，長期把對事實真正的理解視為威脅排除在外——這有多常反而被視為是一種進步！

必須不斷看著這樣的戲碼反覆上演，還得想各種辦法來應付許多對現實已失去感受力的人，是種讓人沮喪的體驗。而現在，我突然置身於另一個天地。我忙著與由事實所組成的真相打交道，身邊的人也都認為每種論點都得經過事實證明是天經地義的事。在我的感受中，這是種對自己的智識發展完全必要的體驗。

雖然能夠與這些可經確認的事實打交道讓我欣喜若狂，我並不因此就像某些與我有同樣處境的人那樣看輕人文社會科學。恰好相反。研讀化學、物理、動物學、植物學與生理學，讓我比以前更強烈地意識到，在那些可直接確認的事實真理之外，思考的真理是多麼有理由且必要存在。經由具創造性的心智活動所產生的知識，或許難免會帶點主觀，但是相較於根據純粹事實而產生者，它卻同時也層次較高。

因記錄各種存在的個別表徵而產生的知識，永遠不夠完整也無法令人滿足，特別是當面對「我們在宇宙中是怎樣的存在？我們存在於其中又有何目的？」這種大哉問而得不到最終答案時。只有以某種方式在我們個人的生命中，體驗所有想要生存與存在於我們周遭的生命，才能在我們置身的環境中安身立命。我只能透過自己內在的生命，來理解在我之外的其他生命之本質。人文社會科學所試圖獲致的，就是有關普遍存在及其與個人存在之關係的思維性知識。這種知識成果中所包含的事實成分多寡，反映了它創造精神中所擁有的現實感，與如何以有關存在的真實知識來思考存在。

＊　＊　＊

一九〇九年五月十四日，一個下雨天，也是著名的霍科尼斯城堡整修好後舉行落成典禮這天，我參加了醫學院的預科考試。要具備足以應付考試的必要知識，對我完全不是件容易的事。儘管學習興趣很高，還是無法幫我克服一個現實問題：三十幾歲的人，已經不再有像二十幾歲學生那樣的記憶力。更糟糕的是我腦袋裡還有個傻念頭，自認該堅持純粹學習到底，而不是為準備考試而讀書；一直到最後那幾個星期我才在同學的說服下，加入了一個填鴨式的「苦讀社團」，也因此知道了教授通常會提那些問題——根據學生列出的清單——還有他們比較想聽怎樣的回答。

考試的結果出乎意料的好，雖然我在考試的那幾天，經歷了我記憶中生平最嚴重的過勞危機。

接下來幾個學期的臨床課程，由於課程內容較具一致性，顯得比臨床前的學習輕鬆很多。這段時期最重要的老師有：內科的莫里茲、卡恩及麥爾；外科的馬德隆及雷德霍惹；婦產科的費林與弗容德；精神科的沃倫柏格、羅森費德與費斯多夫；細菌學的弗斯特與列維；病理解剖學的許亞利；藥學的須密德柏格。我對有關藥物的課程特別感興趣，卡恩負責了這門課實作的部分，理論課程則由須密德柏格來上，他在研究毛地黃成分這方面頗負盛名。

關於須密德柏格與跟他頗有交情的解剖學家許瓦本之間，校園裡流傳著一則有趣的小故事。有次許瓦本準備應阿爾薩斯某市成人教育社團之邀，進行一場關於人類學的演講，他料想演講中免不了會談到達爾文的學說，於是對須密德柏格透露擔心這會引起聽眾反彈。須密德柏格聽了之後告訴他：「你盡管放膽地把整套達爾文主義講完！只要小心嘴裡不要冒出『猴子』這兩個字，他們就會對達爾文和你都完全滿意。」許瓦本遵循了他的建議，也果然得到他所打包票的反應。

當時的阿爾薩斯有許多地方已經開始出現這樣的訴求，希望史特拉斯堡的高等教育機構能提供課程給渴望再學習的民眾。某次溫德爾邦教授在會議室語帶驚喜地對我們宣布，有位勞工代表竟邀請他去進行一場有關黑格爾的演講；他還滔滔不絕地稱道，一般民眾或許已意識到真正有價值的事物有益身心健康，於是也注意到黑格爾的重要性。不過這件事後來才發現是搞錯了，他們想聽的其實是海克爾（Haeckel）而不是黑格爾（Hegel），前者在一八九九年出版的《宇宙之謎》一書闡述了唯物主義的通俗哲學，對社會主義者極具吸引力。在阿爾薩斯人的德語裡，「ae」的發音聽起來像「e」，「k」則像「g」，於是才有了這樣的誤會。

多年之後，很偶然地我有了一次為我所敬愛的須密德柏格教授效勞的機會。那是一九一九年的春天，某次我在經過史特拉斯堡——新村火車站時，看到一群預定被法國政府驅逐的德國人，正等著要被火車遣送出境，而這位可親的老人就站在他們當中。就在我問著是否該幫他搶救幾樣傢俱時——像其他人一樣，他也得把它們全部留下——，他把抱在手臂裡的一捆用報紙捲起來的東西拿給我看，裡面是他對毛地黃所做的最後研究成果。當時不論是他們身邊帶的或身上穿的任何東西，都得接受嚴格檢查，而他怕分量這麼多的手稿可能不會被允許攜帶。於是我接過了這捆手稿，後來再透過安全的管道，把它送到他落腳的地方——那是他在巴登巴登的朋友住處。不過在這份研究成果出版後沒多久，他就過世了。

相較於開始學醫時我還得經常為錢的問題煩惱，後來因為巴哈德文版一書的成功及音樂會的演出收入，我的經濟情況有了改善。

一九一一年十月，我參加了國家醫學考試。考試的報名費是九月在慕尼黑舉行的法國音樂節上賺來的。魏多在那裡演出了他剛為管風琴與管弦樂團完成沒多久的《神聖交響曲》，由我負責彈奏管風琴。十二月三日，我在外科醫師馬德隆那裡通過考試的最後一關後，離開醫院走進冬日傍晚早早暗下的天色中，完全不敢相信自己居然已經熬過習醫以來那些艱辛又疲憊的可怕日子。我得反覆確認自己不是在夢中，而是完全清醒。走在我身邊的馬德隆的聲音彷彿來自遠方，他一次又一次地說著：「如果不是因為你身強體健，這樣的事你是絕對完成不了的啊！」

＊＊＊

接下來要做的事，就是到醫院完成一年的實習和撰寫畢業論文。對此我選擇的主題是闡述並檢視過去從醫學觀點探討過耶穌可能患有精神疾病的相關文獻。

這裡的文獻主要指的是魯斯特（De Loosten）、赫胥（William Hirsch）以及比內．山格萊（Binet-Sanglé）的著作。我在先前有關耶穌生平的研究中，已證實耶穌認同晚期猶太社會的思想，祂活在一個預期末日將臨且超越世俗的彌賽亞國度也將會出現的理念世界中——而我們覺得這純屬幻想。當時我的看法立即遭受指責，他們認為我把耶穌塑造成一個即使不是個腦袋被妄想給控制的人，也是個宗教狂熱分子。現在我想知道，若從醫學觀點來判斷，耶穌這種類型的彌賽亞意識是否與某種精神上的障礙有關。

魯斯特、赫胥以及比內．山格萊都認為耶穌有某種偏執性的精神錯亂，也在祂身上發現病態的自大與被迫害意識。為了深入分析這些其實相當無足輕重的作品，我得讓自己熟悉那個沒完沒了的妄想問題。就這樣，一份篇幅四十六頁的論文，我卻花了一年多的時間才完成。那期間有好幾次，我甚至想擱下它再另選論文題目。

這個研究最後的結論是：耶穌身上唯一值得從精神病學角度來討論並且也符合歷史假說之處，就是祂的自我評價頗高及受洗時或許出現過幻覺，然而這完全不足以證明祂患有精神疾病。

對末日將臨及彌賽亞國度的期盼，與妄想完全是兩回事，因為它是當時猶太民族普遍接受且記載於宗教文獻中的一種世界觀。還有，認為自己就是彌賽亞國度來臨時會現身為救世主的那個人，這種想法也不帶任何病態的自大傾向。祂可能基於家庭傳統而相信自己是大衛的後代，所以自認是先知預言中曾應許過的那個會成為救世主的大衛子孫，這也是合情合理。假若耶穌一方面把認定自己就是彌賽亞這件事當成祕密，另一方面卻又在言談中隱約透露出這個訊息，單純從表面上來看，確實像病態性自大的人格特徵。可是事實並非如此，耶穌的行事作風完全不是這麼一回事。隱瞞身分這件事，在耶穌是理所當然且符合邏輯的。根據猶太教義，救世主的身分是在彌賽亞的國度來臨時才會顯露出來，也就是說，耶穌不能告知他人自己就是那個即將到來的救世主。另一方面，祂在許多言談中都透露過，自己是在上帝的授權下向眾人宣布天國將臨，而上帝即是自己的王，因此這點在邏輯上也完全可以理解。整體而言，耶穌的言行舉止完全不像置身妄想世界中的人。面對發生在自己身上的事與他人對自己所說的話，祂的反應完全正常，從不曾與現實脫節。

身為醫學專業人士，卻違背最簡單的精神病理學思考，進而質疑耶穌的精神健康狀態，這只說明了一點，他們對這個問題的歷史面向不夠熟悉。不僅僅是因為他們在詮釋耶穌腦中世界時，沒有將晚期猶太教的世界觀列入考量，他們也沒有區隔出有關祂的歷史與非歷史記載。不是只參考最古老的兩份資料來源——馬可與馬太福音——為報導，而是蒐集了四部福音中所有關於耶穌的記載，然後坐下來對一個不真實的人進行判讀，於是便自然得出祂並不正常的結論。特別該注意的是，關於耶穌有精神失常現象的主要論點，都是根據約翰福音判斷而來。

耶穌確實相信自己就是未來的救世主，是因為在當時的宗教理念下，祂那具強烈道德性的人格使祂別無選擇，只能以這樣的想法來得到自我意識。因此就耶穌的精神本質來說，祂確實是先知們所應允的那位道德領袖。

# 十一、出發到非洲之前

還在寫畢業論文的同時，我便已開始著手非洲之行的準備工作。一九一二年春天，我辭去了在大學的教職以及聖尼古拉教堂的神職工作。一九一一到一九一二年間的那個冬季學期，我在大學所開的課程，主要在討論宗教性的世界觀分別如何與宗教的歷史研究結果及自然科學事實產生衝突碰撞。至於我在聖尼古拉教堂對教徒的最後一場布道，講述的則是使徒保羅在《腓立比書》中的祝福語：「上帝所賜超過人能了解的平安，必在基督耶穌裡，保守你們的心懷意念。」這些年來，我總以這句話來結束我所主持的禮拜。

不能再布道也不能再講課，對我意謂著一種重大的捨棄。一直在我出發前往非洲之前，如果可能我都盡量避免經過聖尼古拉教堂或大學校園，因為目睹這些自己一度工作過、但可能再也不會回來的地方，真叫人傷心難過。即使在今天，我都還沒辦法把視線朝向校園大樓入口東邊第二間教室的窗戶，因為那通常是我上課的地方。

最後，我也搬離了聖多瑪斯堤岸邊的住所，帶著妻子回到根斯巴赫父親的牧師住處，與他共度我出發前那最後幾個月的時光。一九一二年六月十八日，我與海倫娜．布雷斯勞結了婚，一位史特拉斯堡歷史學家的女兒。婚前她在謄稿及校稿上就為我提供了寶貴的協助，現在對所有那些我必須在出發前完成的寫作工作而言，她更是最得力的助手。

一九一二年的春天我是在巴黎度過的，除了研讀熱帶醫學，也開始採買非洲之行所需的物資。如果說我開始習醫後，已經從科學理論上熟悉了這個領域的事，現在該做的則是具體實踐它。這對我來說也是種嶄新的體驗，因為一直以來我只從事過動腦思考的工作。現在我得根據目錄訂貨、成天在外奔波採購、踩遍店裡到處找貨、核對送貨與帳目、打包裝箱、列出供海關查驗的詳細清單，以及許多其他這類的事。為備齊器材、藥物、包紮用紗布及成立一家醫院所需要的一切配備，我就已經不知道花費了多少時間與精力，更別提我與妻子還得一起打點日後在原始森林裡生活所需的家用品！一開始我覺得要處理這些瑣瑣碎碎的事有些煩人，不過後來卻逐漸發現，實際動手去做這類的事，也值得投入熱情。圓滿地完成訂貨流程，在今天甚至能為我帶來一種藝術創作的滿足感。就只有一件事，還是總讓我感到惱火：許多產品目錄──包括藥品──在編排上雜亂無章且不切實際的程度，簡直就像全都是委託給自家公司門房的老婆編出來的一樣。

為了籌措必要的事業資金，我開始在朋友圈裡四處拜訪以尋求贊助。不過我卻感受得到，要證明一項還只是個意圖而尚無任何具體成就的行動有資格得到贊助，難度非常高。絕大部分提供捐款、幫我克服這個窘境的朋友與舊識，都坦言他們之所以願意贊助一個這樣的冒險計畫，只因為那是我發起的。我當然也遇到過這種情況，在清楚我登門的原因不是友誼拜訪而是為了募款之後，語氣聲調就明顯換了一個樣。不過整體而言，我在那些過程中所感受到的友愛，勝過遭受的羞辱何止百倍。

史特拉斯堡大學裡的德國教授們對這項將在法屬殖民地上進行的工作，是如此慷慨地解囊相助，讓我深深感動。另外，有很重要的一部分資金是來自聖尼古拉教堂所在教區成員的捐獻。還有一些阿爾薩斯的教區也對我提供了支持，特別是那些由我以前的同學或學生擔任牧師者。巴黎巴哈學會在它的合唱團、菲利比以及我的共同演出下舉行了一場音樂會，也募得了一筆資金。在勒阿弗爾（Le Havre）舉行的音樂會與演講，基於之前我曾在此演奏巴哈而小有名氣的效應，也在資金挹注上獲得極大的成功。

於是我的財務狀況算是暫時過了難關。手上持有的資金足以應付必要的花費，包括旅費以及維持醫院大約一年的運作。此外，幾個生活比較富裕的朋友也向我允諾過，倘若手邊的資金用完，他們會繼續提供協助。

許多財務與業務工作的完成，費雪夫人都提供了無比珍貴的協助。她是史特拉斯堡大學一位英年早逝的外科教授之遺孀，我在非洲那段時間，她幫我接手了所有歐洲這邊該做的工作。她的兒子後來也成為了在熱帶地區服務的醫生。

* * *

在我確信能募集到成立一間小醫院所需要的資金後，便向巴黎傳教協會明確表示，我願意自費以傳教醫生的身分前往他們在奧果韋（Ogowe）河的傳教區服務，並以位居中心的蘭巴雷內傳教站為據點。

一如整個奧果韋地區的福音傳教，皆始於一八七四年進入這個區域的美國傳教士，蘭巴雷內的傳教站也是由美國傳教士納紹醫生在一八七六年所創建。不過在加彭成為法國屬地後，由於那些美國人沒辦法因應法國政府以法語在學校授課的要求，從一八九二年起，巴黎傳教協會取代了美國傳教士的位置。

在柏格納之後接任巴黎傳教協會會長的畢安奎斯，以真正而非空談的虔信態度及明智的領導，贏得了許多朋友。對於加彭地區能免費得到一個他們渴望已久的傳教醫生，他動用自己所能施展的一切權威，只希望不錯過這樣的機會。然而那些嚴守教義的正統派者卻表示反對，甚至決議邀請我到委員會去當面接受一次信仰的檢測。我沒有接受這個安排，我的理由是：耶穌在召喚門徒時，除了他們想要跟隨祂的心之外，什麼都沒有要求。我也讓人傳話給委員會，說根據耶穌「不抵擋我們的，就是幫助我們的」這句話，即使他們所拒絕的是一位願意為他們傳教區生病的黑人提供治療的伊斯蘭教徒，也都是一種錯誤。不久前才有位願意遠行為他們服務的傳教士也沒有被接受，只因為他在神學上的認知不允許他在面對「第四部福音是否為使徒約翰所著」這個問題時，毫無保留地肯定回答。

因為不想重蹈覆轍，我婉拒了到委員會接受他們對我提出神學問題的安排。不過我自動提議，表示願意登門拜訪個別的委員，讓他們透過與我直接對話，釐清我對黑人的靈魂以及傳教協會的名聲是否真會造成巨大威脅。這個提議被接受了，也花費了我好幾個下午的時間。少數幾位委員對我冷面相待，然而其他大部分都向我明言，他們之所以對我的神學觀點有所疑慮，是特別針對我或許會試圖在那裡以己之所學來混淆當地傳教士，或想以教士身分來從事布道活動。在向他們再三保證，我只想以醫生身分在當地服務，其他時候會「安靜得像隻鯉魚」之後，他們才終於放下一顆心。經由這次的拜訪，我與委員會裡的某些成員甚至建立起真摯的情誼。

於是我自願效勞這件事就在一個前提下被接受了：必須避免任何可能在信仰上影響那些傳教士及當地教徒的行為。不過還是有一位委員，為此宣布退出了委員會。

接下來還有一件事得完成，就是與殖民署取得連繫，希望他們允許只有德國醫科文憑的我，仍能在加彭進行醫療活動。這個最後的難題，在一位頗具影響力的朋友協助下也迎刃而解了。終於，前方的路開通了！

一九一三年二月，七十個封裝完成的箱子先以貨運寄送到波爾多。然後在我們打包隨身行李時，妻子則想阻攔我堅持把兩千馬克以金幣而不以紙鈔方式攜帶的做法。我告訴她我們得考慮戰爭爆發的可能性，相較於紙鈔接下來的命運難卜與銀行存款可能被凍結，黃金不管在世界任何地方都能保值。

我考慮到了戰爭的風險，儘管確信不管是法國或德國百姓都不想要戰爭，也儘管雙方國會議員都在尋找機會增進彼此的認識與對話。身為多年來一直在為增進德、法兩國間之理解而努力的人，我知道當時人們為維護和平費了多少心力，也還抱持有它能成功的一點希望。然而另一方面我也不想自欺欺人，因為歐洲的命運，已不再由德法關係來決定。

當時不管在德國或法國，政府都盡可能從市面上收回黃金並以紙幣來取代，在我看來這已經是種不祥的徵兆。大約從一九一一年開始，這兩國的公務人員領薪時就幾乎拿不到金幣了。

# 十二、習醫時期的學術工作

在習醫的最後兩年以及出發到非洲前在醫院實習的那段時間裡，我利用許多晚上的時間，完成了一部有關使徒保羅思想學術研究史的作品，也對《耶穌生平研究史》一書進行了修訂和擴充，還與魏多共同籌劃出版了一套巴哈管風琴序曲及賦格的作品，為每一首曲子都提供了如何演奏的說明。

在完成《耶穌生平研究史》之後，我便立即研究起保羅的教義。然而那些我在相關神學文獻中找到的詮釋，都無法叫人滿意，因為它們讓保羅宣揚的思想顯得既複雜又矛盾，與其原有的獨創性與寬宏性無法吻合。其實自從確定耶穌的傳道是以預期末日與超自然天國將臨的思想為基礎，我就對那些詮釋方式完全打上了問號。現在我想問一個學術界至今尚未關注過的問題：保羅的思想世界是否也根植於末世論？

讓我很意外地，之後的研究很快就有了結果——而答案確實是肯定的。其實早在一九〇六年，我就曾在大學講堂裡以末世論為根本思維，詮釋過保羅「與基督合而為一，與祂同死且同復活」如此不尋常的教義。

在這個新觀點的研究過程中我特別感興趣的是，了解學術界過去對保羅教義做過的所有詮釋，以及確認這整個問題的錯綜複雜性，到底是如何逐步演變形成的。

也就是說，我在研究保羅教義上所採用的方法，基本上與研究聖餐禮及耶穌生平時相同。我無法滿足於只是闡述出所發現的答案，而是每次都給自己額外添加一件差事：把問題形成的歷史也寫出來。想來我之所以自討苦吃，三度採用如此迂迴的研究路徑，都是亞里斯多德的錯。我第一次讀他的《形而上學》時，就發現他總是從批判過去的哲學研究中發展出新的哲學問題，然而天曉得有多次我得咒罵自己讀得太久太仔細！因為我內心有某種沉睡的東西被喚醒了。從此我越來越能感受到心中有一種渴望，渴望在理解問題的本質時不僅看問題本身，也看這個問題是如何在歷史中自我開展。我不知道這樣給自己添事是否值得，只是非常確定自己沒辦法以這種「亞里斯多德式」之外的方法行事，而且從中也得到了學術與藝術性的滿足。

探討歷史在過去是如何詮釋保羅書信，對我還具有一種特別的吸引力，因為從來沒有人這樣做過。還有一點對我也很有利，史特拉斯堡大學圖書館有關使徒保羅的文獻藏書，幾乎和有關耶穌生平者一樣完整。另外，圖書館高階館員修巴赫博士為人非常熱忱，總是能讓我找到所有相關的書籍與期刊文章，也令我感動不已。

原本我自以為能將這個文獻歷史研究論述得簡短一點，讓它成為一篇詮釋保羅教義隱含末世思想的引文。但是在研究過程中，我逐漸明白這終將擴展成一本完整的書。

有關使徒保羅思想的學術性探討，始於格勞秀斯（Hugo Grotius）。在他大約出現於十七世紀中期的著作《新約聖經註解》中，主張了一個本應不言自明的原則：最能正確理解保羅書信的方式，就是依照他原有文字的真正涵義。原因是不管天主教或新教神學，一直到當時都還是依據「因信稱義」[21]的教會教條來詮釋保羅。

那些對保羅思想進行過歷史詮釋的代表人物，一開始自然沒有意識到「與基督合而為一，與祂同死且同復活」這句話裡藏著大問題。對他們來說最要緊的事，是確定保羅的教義不是教條而是「合乎理性的」。

保羅研究的第一個真正成就，是注意到某些書信在思維方式上出現明顯差異，隨後並因此確認其中有部分不能視為真實可信。一八〇七年，施萊爾馬赫（Schleiermacher）對提摩太前書的真實性表示過懷疑。七年之後，艾希洪（Johann Gottfried Eichhorn）則以很具說服力的論述，證實提摩太前後書以及提多書，都

21 譯註：保羅的「因信稱義」為路德教會甚至整個基督新教信仰的核心思想，「因信」意為憑藉信靠，「稱義」意為被上帝判為無罪。此詞因此是指一個罪人獲得拯救，是藉由信靠耶穌而不是藉由個人的行為。

不可能是保羅所寫。接下來，還有包爾（Ferdinand Christian Bauer）在他發表於一八四五年的作品《耶穌基督的使徒保羅》中指出，只有哥林多前後書、羅馬人書及加拉太人書的真實性不容質疑，所有其他的作品，相較之下都或多或少有點可疑。

這個判斷基本上是正確的，不過後來的研究在認定標準上沒那麼嚴格，於是腓立比書、腓立門書以及帖撒羅尼迦前書又被認為是真實的。也就是說，那些署名為「保羅」的書信，絕大部分確實是他親筆所寫。然而今天作風傾向批判的學術界則認為，帖撒羅尼迦後書、提多書及提摩太前後書都不是真的。至於以弗所書與哥羅西書，則無法明確判斷其真偽；它們在內容思維上與其他確認為真的書信非常相近，但某些細節卻又顯得怪異，與它們迥異。

包爾發現保羅與那些耶路撒冷的使徒之間在基督信仰上存在著歧見，也因此找到判斷這些書信真偽的標準。他是第一個敢大膽主張加拉太書乃是保羅為反駁耶路撒冷使徒而寫的人，也是第一個意識到他們在基督律法的效力上之所以存在歧見，是因為對耶穌之死的意義解讀不同。包爾於是從這個明顯的對比中推斷，那些在內容上特別提及耶穌之死的意義者，才是真正出自保羅之手；反之則是由保羅的學生所寫，目的是想讓雙方後來的和解提早在保羅的時代顯現出來。

從保羅書信出發，包爾於是首次探討了基督教教條如何形成的問題。他認為這個過程應該是這樣的——而這是正確的——，保羅有關無需遵守猶太律法的想法以及對基督之死意義的解讀，在歷經一、兩個世代的傳承後，成為了基督信仰中的共同資產，儘管這些觀點原本跟耶路撒冷使徒所主張的教義傳統有所牴觸。

根據包爾的研究，這兩方之間的和解是如此達成的：盛行於西元一、二世紀之交的基督教諾斯底派教義[22]，促使教會裡所有其他非諾斯底派的團結同禦，其彼此之間因此達成了和解。這個見解後來被證明雖部分正確，但理由還遠遠不夠充分。

在意識到保羅教義的問題其實是基督教義起源的問題核心之後，包爾對基督教誕生的歷史研究才算真正展開。在此之前，由於其內容課題尚未確實擬定，所以研究也一直沒有進展。

羅伊斯（Eduard Reuß）、佛萊德爾（Otto Pfleiderer）、霍斯坦（Karl Holsten）、雷南（Ernest Renan）、霍茲曼（H.J.Holtzmann）、馮・懷茲薩克（Karl von

22 譯註：gnotisch，「諾斯底」，希臘文原意「知識」，在西元頭幾個世紀地中海周圍與中亞地區的某些宗教團體中，盛行著以靈知——即透過個人經驗獲得知識或意識——之超凡經驗脫離無知與現世的觀念，史稱諾斯底主義教派；在歷史上經常遭受迫害，尤其是基督教的諾斯底教派。

Weizsäcker）、哈納克（Adolph Harnack），以及其他那些在十九世紀下半葉延續包爾之研究的人，記錄了保羅教義實際內容的所有細節。而他們一致確認，保羅的思想中除了源自相信耶穌受死乃為世人贖罪的救贖教義外，還包含性質全然不同的另一個教義——他認為信眾能以一種神祕玄妙的方式親身體驗耶穌的死亡與復活，並因此滌清罪惡，成為一種受耶穌精神力量主宰的倫理之存在。這個神祕倫理教義的根本思想，在呂德曼（Herrmann Lüdemann）出版於一八七二年的《使徒保羅之人類學》中首次被描述。

根據以上，解答有關保羅的問題，於是意謂著要釐清下列問題：保羅為何認為猶太律法不再適用於基督徒？為何除了透過相信耶穌為贖罪而死得到救贖之教義外（這點與其他使徒一樣），還主張「在基督裡」以及「與基督同死且同復活」此充滿神祕性的教義？這兩者又如何在他的思想中合而為一？

＊　＊　＊

十九世紀末到二十世紀初的研究，認為下列假設能解釋保羅為何會有這種超越原始基督教思想的觀點：保羅由於來自深受希臘語言與文化影響的小亞細亞地區，因此他的思想事實上是一種希臘文化與猶太文化的結合。基於這點，他反抗猶太律法；也基於這點，他覺得透過耶穌之死而得到救贖的意義，不僅必須從猶太文化對贖罪犧牲的觀念來理解，也需要在神祕參與死亡的希臘想像中尋求。

這樣的解答方式，似乎是最唾手可得也最自然而然的，因為相較於猶太文化中幾乎不存在神祕主義的思考方式，它在希臘文化中卻很普遍，這是個不爭的事實。

「保羅充滿神祕色彩的救贖教義是希臘式的」這個假設，隨後更在許多有關希臘——東方神祕祭禮儀式的新研究資料佐證下，變得更強而有力。那些新的參考資料，是烏塞納（Hermann Usener）、羅德（E.Rohde）、丘蒙（François Cumont）、黑普丁（Hugo Hepding）、萊茲史坦（Richard Reitzenstein）及其他學者，在這世紀交替之際，從過去很少人研究的晚期希臘文學及新發現的銘文中蒐集而來。這些新的資料，很清楚地顯示了聖禮儀式在希臘——東方文明衰頹之初的宗教中，扮演著什麼角色。保羅的神祕主義反正是受希臘宗教思想影響的產物這個假設，因此似乎最能用來解釋為何對他而言，洗禮及聖餐禮確實讓人參與了耶穌的死亡與復活——一直在十九世紀末之前，人們都還不敢大膽承認保羅所想的確實是聖禮，只是大致把它們看作一種象徵。由於聖禮在猶太教中正如神祕主義那樣陌生罕見，因此僅僅從保羅對洗禮與聖餐禮的觀點，人們就相信了保羅必定與希臘的宗教思想有所關連。

不過儘管這個假設從一開始就如此令人信服，奇怪的是事實卻證明它沒辦法真正解釋保羅「在耶穌裡」的教義。只要探究其細節，我們就會發現保羅的觀點與希臘——東方的神祕宗教根本完全不同。它們在本質上並無關連，只是有種奇怪的類似。不過由於那些研究者已認定，若想解答這個議題，除了他們所選擇的這個途徑之外別無他法，所以便信心不減地說服自己，那些實質差異——倘若他們不得不這樣承認——應該歸因於：保羅只是不自覺地借用了希臘思想的題材，然後以完全個人的方式發展出自己的想法。

即使處境困窘，他們還是連一次都不敢承認，其實已有消息顯示，那些他們引以為證的希臘——東方神祕宗教信仰，是古希臘的宗教信仰在西元二、三世紀時與來自東方的信仰彼此融合，並經歷某種形式的文藝復興後，才成為當時希臘——東方頹廢派宗教信仰理念的捍衛者。以此看來，學界之前賦予這些古希臘——東方宗教信仰的意義，在西元一世紀的保羅時代根本就還不存在。

最早源自波斯的密特拉密教，根本不在保羅的考慮中，因為它是西元二世紀時才開始在希臘世界具有重要性。

有趣的是，哈納克自始至終都拒絕認可希臘文化對保羅影響很深。

* * *

假如保羅神祕的救贖教義與對聖禮的觀點，無法以希臘思想為前提來解釋清楚，僅存的辦法就是試試那個看似不可能的途徑——把它們放進晚期猶太教、也就是末世論的思想脈絡中來理解。採取這個途徑的研究，有卡比希（Richard Kabisch）出版於一八九三年的作品《保羅的末世觀與保羅主義整體觀念的關係》，以及雷德發表於一九〇四年、可惜內容非常粗略的獨立研究《保羅》。可惜他們都沒能為保羅的思想世界提供完整的說明，也無法解開他思考邏輯上最後一個祕密的謎底：保羅為何主張「在基督裡」以及「與基督同死且同復活」不僅是某種精神上的、也是自然真實的體驗？不過可以確定的是，他們以一種頗令人信服的方式提出證明，相較於過去的其他觀點，在末世論觀點的理解下，某些乍看絕不會讓人作此聯想的保羅思想不僅顯得簡明、真實得多，也更能證明它們彼此關連、同屬一個理念完全一致的思想系統。

然而這個異於一般途徑的研究方法，並沒有受到當代學術界的重視。因為認定保羅兼具希臘及猶太思想的假設，不管對神學家或對研究晚期希臘文化的哲學家而言，都是理所當然的事。他們沒有顧慮到，主張那些上面署有保羅姓名的書信裡的根本思想與希臘——東方的宗教信仰觀在本質上相關（儘管這些信仰觀已被證實是西元二至三世紀才出現），會讓可憐的使徒保羅陷入何種危險中！因為如此一來，一個無法迴避的問題將會浮現：這些書信是否確實出自西元一世紀的五〇～六〇年代？還是事實上源自更晚的年代，只不過透過文學杜撰手法冠上原始基督教經師保羅之名？

打從十九世紀後半葉，包爾以及所謂荷蘭激進派的成員——如羅曼（A.D. Loman）、史泰克（Rudolph Steck）、范麥南（W.C. van Manen）等——就是下列主張的代表：保羅署名的那些書信為何具希臘思想，與其假設是有位經師在耶穌死後立即將原始基督教信仰轉化為希臘式信仰，不如說這些書信確實源自希臘，還更能解釋這點。他們以「反對猶太律法之奮戰不會是經師保羅所為」作為主要論點，認為提出免於遵從律法的要求，是希臘人開始在基督教社群中占有優勢後自然發生的，因為他們抗拒帶有猶太教觀點的基督教。因此這場有關律法的論戰，並不是發生在一世紀中葉保羅與耶路撒冷使徒之間，而是在兩、三個世代之後分別承繼兩方理念所形成的團體之間。而那些自由派的信徒，後來應該是為了要正當化自己的勝利，於是便在特別為此所寫的書信中冠上保羅之名。這個有關保羅書信之起源的詭論式假說，當然沒辦法以歷史方法來驗證，然而它卻清楚地指出一點，一旦假設保羅思想具希臘要素，會讓自己在研究上面對怎樣的困難。

回顧保羅思想世界的學術研究史，讓我在一九一一年時確認了一件事：當時普遍被看好的做法——也就是把保羅顯得很非猶太式的救贖神祕教義歸因於希臘式想像——是行不通的，唯一可考慮的，就是從末世論來尋求解釋。

在上述這個引言式的初步研究結果出版時，我以末世論觀點來闡述保羅思想世界這部分的工作，也已經到了只要再幾個星期就能完稿付梓的階段。然而因為得立即開始準備國家醫學考試，我卻沒有這幾個星期的時間可用。而在那之後，撰寫醫學博士論文以及重新修訂《耶穌生平研究史》的工作，又讓我忙得不可開交，使我最後不得不放棄想在出發到非洲前發表有關保羅之著作第二部分的希望。

* * *

一九一二年秋天，已經忙於為非洲行採買與打包行李的我，還同時進行著《耶穌生平研究史》的修訂工作，一方面補充這個領域後來出版的作品之相關探討，另一方面也改寫部分不甚滿意的章節。基於之前一直在探討晚期猶太教的末世論，我尤其想趁這次修訂的機會，比過去更徹底全面地闡述它；此外，也想對羅伯森（John M. Robertson）、史密斯（William Benjamin Smith）、弗雷澤（James George Frazer）、德魯斯（Arthur Drews）及其他質疑耶穌之歷史存在的作品提出評論。只可惜這本《耶穌生平研究史》後來的英文版本，都仍舊是以我德文版頭版的內容為依據。

宣稱耶穌從未存在過並不困難，不過若想試著證明它，結果肯定恰好相反。

在西元一世紀的猶太文獻資料裡，並沒有關於耶穌存在的明確記載而同時期的希臘與拉丁文獻，也根本無以為證。至於猶太作家約瑟弗斯（Josephus）的作品《古代誌》中順帶提及耶穌的兩處，有一處則毫無疑問地是信仰基督的抄寫人自己添加進去的。證明耶穌存在的第一個非教徒是塔西圖斯（Tacitus），他於羅馬皇帝圖拉真統治時期的西元二世紀一〇年代，在其《編年史》（第十五章四四節）中記載：「基督」教派——尼祿指控其為羅馬大火之罪魁禍首——的創始人，於提比留主政時被猶太總督彼拉多處死。由此可見，因為基督教徒持續的運動，羅馬歷史是在耶穌死後約八十年才正式記錄祂的存在；不過任何不滿意這種說法，甚至企圖把福音與保羅書信都解釋為缺乏真實性的人，還是會自認有理由不承認歷史上有耶穌這個人的存在。

然而並不是加以否定問題就解決了。因為這意謂著現在我們得解釋，在耶穌及保羅都不存在的情況下，基督教是在何時、何地以及如何形成的？後來又為什麼要把它的起源歸因於「虛構的」歷史人物？還有，把這兩個人物奇怪地「設定」為猶太人的原因是什麼？而且如果解釋不出福音與保羅書信為什麼可能是偽造的，又怎能把它們說成是偽造的？

不過那些「耶穌並非真實歷史人物」論的擁護者，對這些掉在他們頭上的難題並沒有多作解釋，就像他們在研究上普遍令人費解的輕率態度那樣。雖然在細節上差異頗大，但幾乎所有的人都採取這樣的處理方式：他們企圖證明早在基督時代之前的巴勒斯坦或東方某處，就存在著一種諾斯底主義式的基督或耶穌信仰，而且就像對阿多尼斯、奧西里斯及塔姆茲這些神話人物的崇拜一樣，其信仰內涵也與死而復生的神或半神有關。不過因為事實上根本沒有任何文獻記載過這樣一個前基督時期的基督信仰之存在，於是他們得透過拼湊與想像的方法，來讓它變得可信。這意謂著接下來他們得用上更多想像力，來說明這個「前基督時代的基督信仰」的追隨者，為何要在某個特定的時間點，讓自己崇拜的死而復生之神變成歷史人物，違反信眾圈裡的已知事實，假裝祂從這個時間點開始真正存在，即使當時根本沒有其他神祕宗教有這種將神話重新打造成歷史的趨勢。到此要自圓其說其實已經很難，然而這些「耶穌並非真實歷史人物」論的擁護者，還得進一步解釋福音與保羅書信裡的那個基督信仰，為何不是源自一個早已遠不可考的歷史時代，而是把他們「虛構」出來的耶穌設定為兩、三個世代之前的人，還讓祂以猶太人的身分出現在猶太人之間。

最後也最困難的一項任務，是要如何一一解釋從神話變成了歷史的福音內容。如果要讓自己的理論不前後矛盾，羅伯森、史密斯及德魯斯就必須主張馬太與馬可福音所記載的事件與言論，都只是那個早期神祕宗教思想的包裝。而為了證明這種說法，德魯斯及其他人不僅想辦法挖出所有的神話，連天文學與占星術都用上了，這顯示他們是如何絞盡腦汁地在發揮想像力。

所以這些歷史耶穌懷疑論者的作品事實上向我們表明了，證明耶穌存在比證明祂不存在還要容易千百倍。然而，這並不代表著這個毫無成功希望的行動會就此被放棄。主張耶穌並不存在的書一再出版，而且總不乏相信此論調的讀者，儘管它們並沒有帶來任何能超越羅伯森、史密斯、德魯斯及其他這個領域代表作品的新觀點，只是不斷假前人之論調為創新，並以此自我滿足。

假若他們真想為歷史真相效勞，其實大可嘗試從下面這點切入：一個源自猶太教的信仰能在希臘文化世界裡如此快速地被接納——基督教初期流傳的歷史是如此描述的——，確實讓人有點費解，因此一個基督教是源自希臘文化（而非猶太文化）的假設，倒值得關注。可惜這個假設也禁不起考驗，因為兩部最古老的福音所記載的耶穌，根本完全不具備任何可以讓人解讀為來自神話人物的特質；此外，祂的末世論思維也顯示出一種後世無法以虛構人物賦予的獨特性，因為晚期猶太教的末世觀原本極為普遍，然而在提多摧毀耶路撒冷之後，後世已不再具有能虛構出這種獨特性的必要知識。還有，耶穌對末日將近且自己將現身為彌賽亞人子的預期都沒有成真，這個所謂的「信仰基督」的神祕宗教，為什要賦予他們所虛構的偽歷史耶穌這種顯然未能實現的信念，這樣做對他們又有什好處？透過末世論思想，耶穌是如此完全緊密契合於兩本最古老福音的時代背景，使人只能相信祂確實是曾經出現在那個時代的人物。值得一提的是，質疑耶穌之歷史存在的那些人，總是刻意忽略祂思想與行為中的末世論背景。

＊＊＊

我在出發到非洲前之所以再度回到巴哈研究，其實還是基於魏多的要求。原因是紐約的出版商薛摩爾先生請他完成一套附有彈奏技巧說明的巴哈管風琴作品集，魏多答應了，但條件是得與我共同完成。我們是以這種方式共同創作的：我先寫出內容概要，然後兩人再協力修改以盡完善。基於這個原因，我在一九一一和一九一二這兩年，有時候甚至在一或兩天之內來回了巴黎！為了能不受打擾地一起全心投入工作，魏多也曾兩度來到根斯巴赫，在我這裡待了好幾天。

儘管我們兩個基本上都排斥這種想為彈奏者訂下明確規則的所謂「實用版」指南，但還是相信為巴哈的管風琴作品提供建議是合理的。除了極少數的例外，巴哈在他的管風琴作品裡，並不像後來的管風琴作曲家常做的那樣，會對音栓以及琴鍵的變換特別寫下說明。這對他那個時代的管風琴手來說也不需要，因為基於當時的管風琴類型與普遍的彈奏習慣，他們自然能把巴哈的曲子彈奏得合乎巴哈原意。

巴哈死後，他那些從未發表過的管風琴作品，也就在很長的一段時間裡幾乎被完全遺忘了。當它們自十九世紀中葉起透過彼得斯的版本開始聞名時，不管是人們對音樂的品味或管風琴本身，卻都已今非昔比。當時的人或許還知道十八世紀的彈奏傳統，但並不接受用這種風格來彈奏巴哈的管風琴作品，他們覺得那樣太簡單也太樸素，並相信如果能以盡量持續變換音量與音色來表達樂曲——一如現代管風琴所能做到的那樣——，就充分掌握了巴哈作品的精神。於是大約到十九世紀末期時，這種充滿效果的現代演奏方式，幾乎已完全從根本上取得了優勢，沒有人會再考慮採用傳統風格——假若還有人知道它。

法國是一個例外。像魏多、吉爾曼及其他人，就都還恪守著德國的舊傳統，那是他們從布列斯勞的管風琴名家赫塞（Adolph Friedrich Hesse，一八〇二～一八六三）那裡承繼而來。事實上一直到十九世紀中葉，法國都沒有管風琴藝術可言，因為在大革命期間被摧毀的管風琴，後來大部分都只得到應急式的修復。於是當卡瓦葉・科爾及其他人現在又開始製造好琴，管風琴手也因德國的彼得斯版本，取得了過去在法國無人知曉的巴哈管風琴作品，他們卻發現自己對如此精湛完美且在法國從未有過的管風琴藝術——這裡是複述魏多經常告訴我的話——不知從何著手。僅僅是它在踏瓣技巧上的要求，對他們就是種全新的東西；因此他們不得不到本國以外的地方，去學習必要的技巧，而且是全部到比利時知名管風琴家雷門斯（Lemmens）——也是赫塞的學生——門下去學習，卡瓦葉・科爾還對部分無力負擔費用者提供了贊助！

赫塞彈奏巴哈的風格傳統，是承繼自他的老師基爾特（Kittel）。一八四四年，巴黎人在聖尤斯塔希教堂新管風琴的落成典禮上，透過赫塞的演奏第一次聽到了巴哈的管風琴作品。在那之後，他也越來越頻繁地被邀請到法國，在其他管風琴啟用典禮上進行演奏。一八五四年他在倫敦世界博覽會上的演出，對於打開巴哈藝術在英國的知名度功不可沒。

法國的管風琴手之所以保有這個因赫塞與雷門斯而廣為人知的德國舊傳統，其實不僅是基於藝術品味，也是出於實際之必要。卡瓦葉．科爾的管風琴並不是現代管風琴，它們不像德國管風琴那樣，配有許多可以在音量與音色上做出豐富變化的裝置。因此法國的管風琴手，是被迫以依循傳統古典的方式來彈奏。然而他們並不覺得自己吃了虧，因為在他們管風琴美妙優雅的音色中，巴哈的賦格就像以巴哈時代的琴來彈奏一般，不需要現代管風琴的音栓效果，便達到全然動人的效果。

於是因為一場歷史的弔詭，巴黎的管風琴大師把德國舊傳統的基本法則救回到現代；當人們又逐漸開始參考那些研究十八世紀音樂的理論性作品時，這些傳統法則的細節也才能為人所知曉。任何渴望有機會能以十八世紀的管風琴來彈奏巴哈的人，一定會透過它們在技術及音色效果上的可能性，證實這些老式管風琴才是真正能重現巴哈風格的大師。

對於這份交付給我們的出版計畫，魏多與我都認為我們的任務是在於向那些只熟悉現代管風琴且因此對巴哈管風琴風格也很陌生的琴手，說明他們所要彈奏的曲子，在巴哈的考量中有那些音栓配置及琴鍵變換要點；然後他們可以據此斟酌，如何在保有巴哈風格的情況下，彈性運用現代管風琴在音量及音色變換上的可能性。為了合乎體例，魏多和我都覺得不應該把我們的說明及建議放進樂譜中，而是把所有關於個別曲目的註解寫成短文，放在樂譜之前作為引言。希望如此一來，彈奏者既可以知道我們的建議，又可以在翻開想彈的曲目時，不受引導干擾與巴哈獨處；我們甚至沒有在樂譜裡附上任何指法與分句標示。

巴哈的指法不同於我們今天，在他所使用的早期指法中，每根手指都還可以跨過其他手指按鍵，這使他很少用到置於其他手指之下的大姆指。

至於踏瓣的用法，因為當時的踏瓣較短，巴哈在彈奏時沒辦法使用腳跟，只能完全仰賴腳尖來踩。此外，較短的踏瓣也讓他很難把腳跨過另一隻腳去踩，而得更常用腳尖在不同踏瓣間滑移；因此比起巴哈的時代，我們今天更能透過雙腳交叉或腳尖及腳跟的交替踩踏，來完成一個成功的圓滑奏。

巴哈時代那種短小的踏瓣，我年少時還在許多村子的老管風琴上看過。即使是今天，荷蘭某些管風琴的踏瓣還是如此短小，以致彈奏時腳跟根本完全派不上用場。

有關演奏者在樂句分句處理上該注意的要點，魏多與我也把它放在引言裡。我一直為此深感困擾——幾乎所有樂曲版本的樂譜上，總是充斥著各種指法、分句、強弱與漸強漸弱等標記，有時甚至還會附上某位編者的踏瓣處理分析，即使我對這些指示根本完全不以為然。因此我堅持這個原則——希望它有天也能被普遍認可——，就是演奏者眼前所看到的樂譜，不論那是巴哈、莫札特或貝多芬，就只是作曲家本身寫成的版本。

＊＊＊

現代管風琴沒辦法彈奏出符合巴哈原意的樂曲，這個事實讓我們認清在現代音樂品味與現代管風琴上有所妥協的必要性。巴哈時代的管風琴，就算是傾全力來表達強音與極強音，聽起來都還是柔和的，所以即使整首曲子都以極強音來演奏，也不會讓聽者感到疲勞或有改變的需要；這跟巴哈的管弦樂一樣，即使以持續的強音來挑戰聽眾，也不會有任何問題。然而現代管風琴就不同了，它所發出的極強音通常過於響亮刺耳，聽眾根本只需片刻就消受不了；此外，在那轟鳴的聲響中也不可能捕捉到個別旋律的聲線，然而這點對於要心領神會巴哈的作品卻又極為必要。所以說在以現代管風琴演奏巴哈作品時，對於巴哈屬意以連續強音或極強音來表現的較長段落，一定要藉由調整音色與音量的變化，以使聽眾能夠接受。

只要有利於表現作品結構且不會帶來不安的效果，運用巴哈時代在管風琴上做不到的更多變的音量與音色技巧，基本上並沒有什麼好反對的。相較於巴哈得滿足於在三、四個相互交替且音色相異的聲部裡演奏賦格，我們今天卻有六或八個可供使用。但是有個最高原則，無論如何都必須保留：巴哈的管風琴作品特別要求表現出清晰的旋律線，透過音色來達到效果反倒是其次。因此管風琴手始終必須謹記在心，唯有讓那些相伴行進的聲線能清清楚楚地進入聆聽者耳中，他們才能真正感受到栩栩如生的巴哈音樂。這也是為什麼魏多和我一再強調，彈奏者首先必須清楚了解呼應樂曲主題及動機的分句方式，然後再將其逐步處理至細節。

還有一點也必須再三提醒：十八世紀的管風琴，並無法讓人隨心所欲地快速彈奏。由於琴鍵很重且必須按得很深，所以當時能把中板速度彈好就已經是件了不起的事。巴哈便是在這種情況下將他的序曲與賦格設定為中等速度——以使他的琴能彈出這些曲子——，而我們也讓它們保有這種速度，因為這既符合巴哈原意且相當合理。

有關赫塞最廣為人知的，就是他延續巴哈的傳統，是以一種特別和緩的速度來再現巴哈的管風琴樂曲。

假若能透過完美的分句處理，突顯巴哈旋律美妙生動的活力，即使樂曲的速度維持不快過中板，聆聽者也不會覺得過慢。

管風琴由於無法透過加強重音來突顯個別的音，必須在沒有重音的輔助下劃分出樂句。因此所謂把巴哈作品彈出生動的立體感，就是透過完美的分句讓聽眾產生有重音的錯覺。可惜人們卻未必在每次彈奏管風琴時——尤其是巴哈作品——都意識到這其實是首要條件，以致我們很少聽到令人滿意的巴哈管風琴作品演出。特別是如果還得克服大教堂殘響過大的危險，一場演奏必須有多麼清晰完美的立體感，才能讓人聽得滿意！

因此對那些只熟悉現代管風琴的風琴手來說，魏多與我所主張的最適合巴哈作品的演奏風格，在各方面都很新奇，與他們習慣的充滿效果的現代風格大異其趣。我們唯一能做的，就是不斷指出，用聲音特性非常不適合的現代管風琴，是多麼難表現出這種最符合巴哈的風格；我們期待透過巴哈作品對管風琴的要求，能比所有過去寫的管風琴製造論文都更有效地提高人們對音色優美的真正管風琴的理想，而結果確實也沒讓我們失望。

* * *

在我出發到非洲之前，我們只完成了巴哈這部作品集的前五冊，其中包括了奏鳴曲、協奏曲、前奏曲與賦格。至於聖詠前奏曲那三冊，則打算先由我在非洲寫好草稿，然後等我第一次休假回歐洲時，再以此為基礎一起完成。

在出版社的要求下，這部作品是以三種語言來發行。至於法文版與德文版（包括以德文版為依據的英文版）的內容為何存在差異，則是魏多和我在某些細節上意見相左之後所達成的共識，我們決定法文版以魏多針對法國管風琴特點所提出的觀點為主，德文版與英文版則是由我來主導，它們較多是關於現代管風琴。

在那之後不久爆發的第一次世界大戰，及其所導致的至今難解的個別國家間出版事業關係的紛亂，使這部在紐約出版的作品幾乎只能流通在英語系國家，雖然這套書原本也就是為他們出版的。僅僅是它以美元為基礎標出的售價，就已經讓它在戰後的德、法兩國，幾乎等同非賣品了。

# 十三、首次的非洲行：

一九一三～一九一七年

一九一三年耶穌受難日那天下午，妻子與我離開了根斯巴赫，然後在三月二十六日傍晚，從波爾多登上開往非洲的船。

我們在當地傳教士的熱誠接待中抵達了蘭巴雷內。可惜因為找不到需要的工人，那棟日後將作為我行醫據點的鐵皮屋還沒有蓋好。當時奧果韋地區的非洲紅檀木買賣事業正興隆，只要是稍微有點能力的當地人，幾乎都可以找到比在傳教站工作收入還更好的活來做。於是我不得不先利用住所旁的一間舊雞寮來充當看診室，直到時序進入深秋，才終於能搬進河邊那棟以樹葉為頂的鐵皮屋工作。鐵皮屋長八公尺，寬四公尺，裡面還隔出了一小間看診室，一間同樣小的手術室以及另一間還要更小的藥房。後來在這棟鐵皮屋周圍，我們又陸續蓋出了一排大竹屋作為本地人的病房。至於白人病患，則是收留在傳教士的宿舍及醫生的小屋裡。

從最初那幾天開始，也就是在我甚至都還沒時間把運來的器材及藥品箱打開整理前，就已經被病人團團圍住。選擇以蘭巴雷內為醫院地點，現在從各方面來看都是正確的；那是我根據地圖判斷與傳教士莫瑞爾先生的描述所做出的決定——他同樣也是阿爾薩斯人。因為方圓兩、三百公里內的病人，都可以利用奧果韋河及其支流，不論是順流或逆流，以獨木舟帶到我這裡來。我所要醫治的主要疾病有瘧疾、痲瘋病、嗜睡症、痢疾、熱帶肉芽腫以及蝕瘡性潰瘍；病例多得讓我驚訝的還有肺炎與心臟病；此外，泌尿疾病也不在少數。需要動用外科手術的，則以疝氣及象皮病腫瘤特別常見。相較於白種人，赤道非洲土著普遍更容易罹患疝氣。倘若附近沒有醫生，在沒能及時提供手術救援下，每年就有許多人得受盡折磨死於絞窄性疝氣。我第一次動用外科手術，便是遇到這種病例。

所以不過幾星期的時間就已經足以讓我確認一點，當地居民的身體健康狀況，遠比我預想的還糟。而我是多麼慶幸當時不顧眾人反對，實現了自己到此行醫的計畫！

在我向蘭巴雷內傳教站的奠基者納紹博士傳達這裡再度有醫生駐診的消息後，這位人在美國的長者，也表示無比的欣慰。

不過一開始因為沒辦法立刻找到合適的本地人來當我的翻譯與醫療助手，嚴重防礙了我的工作。第一位比較適任者是曾當過廚師的阿左瓦尼，雖然我付的工資比不上他先前的工作，他還是願意留下來幫我。他在如何與當地人打交道這方面，給了我相當寶貴的建議。然而有一點他認為最重要的，我卻完全不能苟同——他居然勸我不要醫治那些看起來已病入膏肓沒救的病人，還不斷在我面前舉部落巫師為例，說他們為了不損害自己在醫術上的聲譽，通常不會為這樣的人看病。

不過關於這個問題，我得承認某部分他是對的。面對當地的土著時，如果病人事實上已經不可能再康復，你就絕對不能給病人與其家屬一絲希望。因為如果醫生沒有事先妥善告知，而病人卻死了，他們會認定醫生不知道病情會如此發展，也就是說，這個病沒有被正確診斷出來。因此在面對這些土著病患時，你得毫不保留地據實以告。他們想聽實話，也承受得了實話。死亡對他們來說是某種有用的事，他們對它沒有恐懼，只會平靜地面對。假若一個重病的人後來居然又重現生機，這對醫生的聲譽只會更錦上添花，他甚至會被視為是能起死回生的神醫。

受過護士訓練的妻子，在醫院給了我最大的協助。她得幫忙看顧重症患者，掌管洗衣與包紮紗布，負責配藥包藥，維護醫療器具，完成手術所需的一切準備，並在阿左瓦尼協助我手術時，接手麻醉的工作。她能夠在操持繁忙的非洲家務之外，還每天為醫院的工作騰出好幾個小時的時間，著實是一項成就。

要讓當地土著接受手術，其實不需要多大的說服技巧。幾年前，有一位旅途中剛好經過蘭巴雷內的政府醫官吉柏特曾在這裡進行過幾次成功的手術。所以拜他之賜，即使是我這很一般的手術技能都能贏得他們的信任；而且幸運的是，我在最初的那幾次手術中也都沒失過手。

幾個月之後，醫院每天大約就得收容四十個病人。然而需要留宿的不僅是病患，還有那些用獨木舟把他們送來，然後還得等著把他們再送回家的親友，這些人我也得讓他們有地方住。

我的工作雖然繁重，但是讓我感到更有負擔的是伴隨而來的憂慮與責任。可惜我並不具備醫生這個職業該有的那種強韌性格，總是在擔心那些重症病人及剛動過手術患者的健康狀況中飽受煎熬。我也試圖自我修養讓性情冷靜泰然，希望即使同感病患所有的痛苦，仍能保持內在必要的平衡而不至過度心力交瘁，奈何仍是枉然。

只要在可能的範圍內，我會要求這些當地的黑人病患，以行動來表現他們對自己獲得幫助的謝意。我總是不斷地提醒他們，之所以能夠享有這樣的醫療福利，都是因為歐洲許多人的奉獻；而他們也必須依自己能力所及來共同協助，以讓這樣的福利能維持下去。久而久之，一種默契於是逐漸形成了，他們從我這裡得到免費的藥品，然後帶來錢、香蕉、雞或雞蛋。當然，這樣的收入與醫院所為他們支出的遠不成正比，不過對醫院的開銷還是不無小補。送來的香蕉，在食物告罄時可以給病人吃；而香蕉不夠時，就用錢來買米。再者，我也認為比起什麼都免費得到，如果這些土著得根據自己的能力有點付出及貢獻，會更珍惜醫院的價值。我認為要求回報具有教化意義的想法，隨著經歷越多只有越發堅定。不過對老人與窮人——在這裡老即意謂著窮——，我們自然完全不收取任何報酬。

這裡住民中最原始的那群，對於饋贈的意義倒有著不同的理解。在他們康復要離開醫院時，會向我要求贈禮，因為現在我變成他們的朋友了。

＊＊＊

在與這些原始住民相處的過程中，我當然會自問一個經常被討論的議題：他們只是陷入傳統束縛中的生命，還是真正具有獨立思想的能力？從與他們的對話中，我很意外地發現，他們對生命的意義以及善惡之本質這些根本問題的關注程度，遠高於我原本的想像。

此外，正如我所料想的一樣，那些在巴黎傳教協會委員心中占有重要地位的教條問題，在這裡的傳教士布道中根本完全無關緊要。因為如果想讓當地住民聽懂布道的內容，就只能向他們宣揚如何透過耶穌精神讓自己從現實世界中超脫這種簡單的福音，就像耶穌在登山寶訓或保羅在他最精彩的演說中向我們傳遞的訊息那樣。這些教士有把基督教先當成一種道德性宗教來宣揚的必要性；在一年兩次、總是在不同地方舉行的傳教會議上，他們討論的重點也多半是如何在教區落實具體的基督教信仰，而不是教條的問題。每個人在信仰這方面的事要求不同，有人嚴厲一些，有人則不，然而這在協力進行傳教工作上根本沒那麼重要。我因為完全沒有試圖以自己的神學觀點來干擾他們，這些傳教士也就很快地對我放下了質疑與成見，對我們能在服從耶穌之虔信與奉行基督樸實精神的意志中團結合作表示歡迎，而我這邊當然也是。在我不過抵達幾個月之後，他們便開始邀請我也接手布道的工作，於是我在巴黎時承諾過要保持緘默的這條戒律，也算正式解除。

在歐洲傳教士與當地黑人教士共同參與的基督教代表大會上，我也以訪客的身分應邀出席。不過有次應他們徵詢在針對某個問題發表意見時，一位黑人教士表示我是醫生，不是神學家，因此不該逾權發言。

此外，我也獲准參與受洗資格的評估。我習慣讓他們從候選人中指派一兩個年齡較長的婦女給我，以讓她們能盡量輕鬆度過那難捱的半小時測試時間。記得曾經在測試中對一個看起來性格頗強悍的已婚婦人提出「耶穌是貧困或富有？」這個問題，而她答道：「怎麼有這樣愚蠢的問題啊！如果上帝這個最大的頭頭就是耶穌的爹，祂怎麼可能會窮。」她在回答其他問題時，也同樣充滿了迦南婦人的機智；不過儘管神學教授會為此給她好成績，我卻幫不了她。她所屬教區的那位本地教士，對她只有更加刁難，以作為對她沒有固定出席教會為願意受洗者提供之課程的懲罰。測試過程中那些精彩的答覆，沒能讓她得到寬宥，因為那位教士想聽的是教義手冊中的標準答案。於是那位婦人沒有通過評估，得六個月之後再重新接受一次受洗測試。

布道總能為我帶來莫大的喜悅。可以把耶穌與保羅的話，宣揚給那些對此感到新奇的人，是種無與倫比的經驗。傳教站學校裡的本地教師是我的翻譯，可以把我的每句話都立刻翻成加羅亞語或帕胡因語，有時甚至是兩種語言都翻。

我在蘭巴雷內的第一年，利用有限的閒暇時間完成了巴哈管風琴作品美國版本中的最後三冊。

此外，巴黎巴哈學會為答謝我多年來擔任他們的管風琴手而送了我一部琴，這讓我得以溫故知新，維持自己的琴藝。這部音色優美的鋼琴有著管風琴式的踏瓣，是特別為熱帶地區製造的。不過一開始，我其實缺乏去練習的勇氣。除了已經習慣這樣想，在非洲工作就意謂著藝術生涯將走到盡頭；也認為倘若就此荒廢下去，手腳變得不再靈活，說要「放棄」也會容易許多。然而有天傍晚，當我有點愁悶地彈完一首巴哈的管風琴賦格時，心裡突然閃過一個念頭：說不定我正該利用在這裡的餘暇，好好精進自己的琴藝讓演奏更趨完美。心意既定我便立即擬出計畫，要一一研究巴哈、孟德爾頌、魏多、法蘭克（César Frank）和雷格（Max Reger）的作品，不放過任何細節並練習至滾瓜爛熟，不管一首曲子得花上幾星期或幾個月的時間，都無所謂。少了準備音樂會時那種迫在眉睫的時間壓力，此時我是多麼享受在悠閒與寧靜中練琴的時光！即使有時候我一天也只能為此撥出半小時。

＊＊＊

妻子和我，就這樣在非洲度過了兩次乾季，並開始計劃在第三年的乾季來時回家一趟。然而一九一四年的八月五日那天，傳來了歐洲爆發戰爭的訊息。當天晚上我們就接獲命令，我們將被視為戰俘，在未有進一步安排前雖然可以繼續留在自己的住處，但不得與其他白人及當地住民有任何往來，並且得絕對服從派來看守我們的黑人士兵之指示。除了我們以外，還有另一對同樣來自阿爾薩斯的傳教士夫婦，也被拘留在蘭巴雷內的傳教士駐地。

當地住民對於戰爭的理解，一開始只是木材生意報銷了，所有的東西也都變貴許多。一直要到後來，當他們有許多人被送到喀麥隆去當軍隊挑夫時，才真正意識到戰爭是怎麼一回事。

在得知昔日住在奧果韋地區的白人中已有十人戰亡之後，一位當地土著的長者說：「這場戰爭已經造成這麼大的傷亡！這些部落裡的人為什麼不坐下來一起談談？還有，他們怎麼賠償得起所有的死者？」在非洲土著部落間的戰爭裡，所有戰歿者都可以從另一方得到賠償，不管是戰勝或戰敗的一方。這位老者接著激動地說，歐洲人殺人的理由僅僅是出於殘暴，因為他們根本沒有吃掉死人的意圖。

對當地居民來說，白人把白人變成囚犯，然後再派黑人士兵來監管，是件匪夷所思的事。看守我們的黑人士兵，也不知道從住在附近村子的村民那裡聽到了多少咒罵，因為他們竟敢自認是「醫生的主人」。

在醫院的工作被禁止之後，我最初的念頭是趁這個機會完成有關保羅的作品。不過很快地，我卻不得不正視另一個議題：那就是人類文明的問題。多年來這個問題一直盤據在我心中，現在因戰爭的爆發而變得特別具有即時性。於是在我被監禁的第二天，尚未從驚愕中回過神來，就已經像習醫前的那段日子一樣，一早坐在書桌前，開始著手探討文明的哲學。

* * *

激發我致力於這個主題的背景，得回溯至一八九九年夏天某次在柏林庫爾丘斯的家裡做客。那天晚上，格林（Herman Grimm）與其他人才剛開完一個學術會議過來，還在聊著有關這個會議的話題。突然間有個人——我不記得是誰了——吐出一句話：「就說吧！我們還真的全都只會模仿。」那一瞬間，我感到身邊彷彿有一道閃電打來，因為這句話完全道破我的心聲。

打從剛進大學那一兩年開始，我就對所謂的「人類正穩定朝進步發展」這樣的看法感到懷疑。因為我所感覺到的，是追求理想的火苗正越來越微弱，無人聞問，也沒有人表示憂慮。不知道有少次我得這樣確信，我們的輿論對於公開宣揚非人道理念的反應不是嚴正摒棄，反而是安然接受，認可這些行為——不論其來自政府或民間——是恰當的。此外，對公平正義與功能實用性的追求，在我看來也只剩一種提不起勁的熱情。基於這許許多多的徵象，我不得不下此結論：這個自豪於工作成就的世代，有種奇特的心智與靈魂疲乏之症。我彷彿聽見他們在這樣說服自己，說我們至今都對人類的未來設定了過高的期望，因此接下來得讓自己專注於追求可實現的目標。「現實政策」是今天在各行各業都聽得到的口號，這意謂著贊同短視近利的國家主義，並與那些原本被視為進步阻礙而加以對抗的權勢與潮流妥協。對我而言，社會衰敗最明顯的徵象之一，就是過去被掃除的迷信在知識圈裡又開始有人談論起來。

在此世紀之末，當人回顧或環視所有的領域，以確認並評估其成就時，總帶著一種讓我覺得不可思議的樂觀。似乎不管在那裡，人們都認為我們不僅在發明與知識上頗有進展，連精神與道德倫理都到達了一種前所未有且日後也會持續不墜的高度。然而我所感受的卻截然不同，我們在精神生活上不僅沒有超越過去的世代，甚至還只是在加倍地損耗他們的成就……這些精神資產，正開始大量從我們手中流失。

現在突然有個人，說出了我對這個時代無言且尚未真正自覺的心聲！從那個在庫爾丘斯教授家的晚上起，我在忙於所有其他工作的同時，內心也總蘊釀著一個新著作——題名為「我們這些模仿者」。有時候我會在朋友面前透露這些想法，但他們通常只把它看成是有趣的詭論或一種世紀末的悲觀宣言。於是之後我也就絕口不提了，只有在布道時才會闡述我對人類當前文明與精神生活的疑慮。

而現在肆虐著的戰火，就是文明衰敗的結果。

其實「我們這些模仿者」此刻也不具任何意義了。在我原本的構想中，這部作品會是一種文化批判，希望能點出文明的墮落衰敗並喚醒人的危機意識。但是如果災難已經降臨，為什麼還要檢視那些已昭然若揭的成因？

不過我還是想寫這部如今已不合時宜的作品，或許就為自己而寫。天曉得身為俘虜，我的手稿會不會被沒收？未來究竟還有沒有再見到歐洲的希望？

就在這種全然超脫豁達的意念中，我開始動筆了；而且即使後來獲准外出行動並再度為病人服務，也沒有停筆中斷過。十一月底時，我們的監禁被解除了——就我後來所知，是在維多的運作之下。不過其實在那之前，禁止我與病人接觸這道命令就已經證明行不通了，不管是當地的白人或黑人都怨聲四起，因為他們方圓數百里內唯一的醫師居然就這樣不明究理地被拘禁起來。而管區的司令官隨後也看見此事的迫切性，於是不得不三天兩頭指示守衛，讓那些需要我協助的病人到我這裡來。

在我又能相當自由地從事醫療活動後，還是找出時間繼續寫這本有關人類文明的書。不知道有多少夜晚，我坐在桌前思索及書寫，情緒難平地想著那些躺在前線戰壕裡的人！

＊＊＊

然後在一九一五年初夏時，我突然大夢初醒般地意識到，為何只對文明進行批判？為何只滿足於分析身為模仿者的我們？為什麼不做點有建設性的事？

於是我開始尋求知識及信念，回到追求文明之意志與實踐文明之能力的焦點上。「我們這些模仿者」，將擴展為一部與文明重建有關的作品。

我在書寫的過程中，瞭解了文明與世界觀的關係；體認到文明的災難，乃源於災難性的世界觀。

真正文明的理想性之所以變得疲弱無力，是因為我們逐漸喪失了它所根植的理想世界觀。所有發生在國家百姓或全人類身上的事件，追根究柢都可回溯到我們世界觀中既存的精神性因素。

但什麼是文明？

個體以及社會力求道德倫理上的盡善盡美，被視為是文明的要素；然而每種精神或物質上的進步，也同時具有文明的意義。因此追求文明的意志，就是一種具備倫理道德為最高價值之意識且追求進步的普遍意志。儘管知識與技能的成就為文明帶來無比的意義，有一點卻是顯而易見的，只有以倫理道德為奮鬥目標的人類，才能全然享有物質進步的福祉，並掌控與其相生相隨的危害。然而我們這個世代的人，不僅逐漸相信進步是固有的、在某種程度上可自發且自然而然產生的，還認為我們不再需要追求倫理道德的典範，只要靠技能與知識就能繼續前行。這個可怕的錯誤認知，讓世界局勢陷入了目前的處境。

想從這團混亂中脫身的唯一途徑，就是重歸正軌，回到由真正文明的理想所主導的文明世界觀中。

然而能夠使普遍性與倫理道德性的進步意志互為基礎且彼此結合的世界觀，究竟是哪一種？

它存在於一種具倫理基礎且肯定世界與生命的信念中。

所謂的肯定世界與人生的信念又是什麼？

對歐洲人以及世界各地的歐洲後裔而言，追求進步的意志是如此理所當然且不言自明，我們竟然再也不去說明它其實根植於世界觀，而且是出自一種精神活動。然而只要環顧一下世界就會立刻察覺，這個對我們來說想當然爾的看法，事實上一點都不理所當然。例如在印度思想中，所有知識與技能上的成就以及改善人類生存條件及社會環境的努力，都是愚不可及的；人唯一有意義的行為，是完全自我沉潛，只專注於自己內在的冥想。至於人的社會以及人類本身會如何改變，都不該去關心插手。追求「內化」在印度思想中的意義，在於人專注於放棄生存之意念，並透過「無為」與一切否定人生的形式，將自己在世間的存在，縮減至某種期望「不再存在」的空的狀態。

這種如此違反自然、否定世界與生命的觀念，卻有著有趣的歷史典故。它原來根本不涉及任何一種世界觀，只是一種來自古印度祭司的奇幻想像。他們相信若能超脫於這個世界與生命之外，就可以讓自己在某種程度上成為超自然的存在，獲得超越神的權力。在這種觀念下於是一種習俗形成了，婆羅門在像正常人般度過一段人生也建立過家庭之後，便會選擇完全捨棄塵世而居。

久而久之，這種原是婆羅門專屬的否定世界及生命的觀念，形成了一種世界觀，為那些抱持有這種價值的人所認同。

＊＊＊

因此是否存在著追求進步的意志，取決於人抱持著怎樣的世界觀。持有否定世界及生命之世界觀者，會將它排除在外；肯定世界與生命者，則會對它有所求。原始或半原始民族尚未成形的世界觀，還談不上有否定或肯定世界的問題，所以也不存在追求進步的意志。他們的理想，是過著最簡單也最不辛苦的生活。

歐洲人的世界觀，也是在經歷過漫長時間的演變後，才發展出這種追求進步的意志。這種理念在古代與中世紀時，都還僅在萌芽階段。古希臘人就曾經試圖在思想上建立一套肯定世界與生命的世界觀，然而並沒有成功，最後更終結於聽天由命。中世紀人的世界觀，則是由結合了古希臘形上學的原始基督教思想所主導；它基本上也否定世界與生命，因為當時基督教所關注的完全是形而上的東西。此時對形成肯定世界與生命之觀點有所作用的，就是耶穌在傳道時所主張的積極性倫理，以及那些活力充沛、剛基督教化的新民族之創造力——基督教灌輸給他們的是一種違反他們天性的世界觀。

肯定世界與生命的觀點後來逐漸獲得突破，因為對那些在民族大遷徙中來到此處的新民族而言，它是一種本能的存在。接下來在文藝復興時期，人們正式宣告脫離中世紀的那種對世界與生命的否定論。取而代之的這種肯定觀點，因為從耶穌的基督教接收了愛的倫理，於是也具有倫理的特性。這種行動的倫理使它有辦法脫離否定世界與生命的世界觀，並進而與肯定的世界觀產生連結，然後以這樣的觀點，達成在真實世界中實現精神倫理世界的理想。

所以新時代歐洲人對物質與精神之進步的追求，其實要歸因於他們所達成的那個世界觀。在文藝復興運動及後來跟它有關的精神思潮與宗教運動中，人與自己以及與這個世界之間，產生了一種新的關係；有種透過自身行動來創造精神與物質價值的需求，在人的心裡被喚醒了，而這種價值有助於個體及人類追求更高度的發展。所以現代歐洲人並不只是因為期待個人利益，而如此熱衷於追求進步；比起自身的處境，他更關注的是能否帶給未來世代更多福祉。於是他全心全意追求進步。對他而言，這個世界顯然是由能有效發揮功能的力量所塑造並維繫，深受這些偉大體驗之印象的影響，他本身也想成為一股這樣的力量。他深具信心，期盼迎接人類在未來應該會更美好的新時代；他也體驗到，眾人所主張且認可的崇高理想，有能力掌控外在環境，並將其加以改造。

於是這個與倫理道德進步意志互相結盟的物質進步意志，為近代文明奠下了基礎。

與近代歐洲肯定世界與生命之世界觀在本質上有所關連的，是查拉圖斯特拉與中國思想（如我們從孔子、孟子、墨子及其他偉大的中國道德思想家所得知）中的世界觀。他們也都努力想改造其民族與人類所置身的環境，而這帶有追求進步的涵義，儘管不如近代歐洲思想所展現的那麼強而有力。在查拉圖斯特拉宗教的影響區以及在中國，確實都發展出一種相應於倫理性的世界及生命肯定論的文明，只不過兩者後來也都遭遇到悲劇性的命運。查拉圖斯特拉世界觀所主導的新波斯文明，被伊斯蘭教所摧毀；而中國文明的發展，則在歐洲觀念與問題所施加的壓力，以及在本身政經環境的崩潰中窒礙難行，從而陷入衰亡的危險。

不過在近代歐洲思想中，悲劇也在發生。原本存在於肯定世界與生命之價值觀及道德倫理間的連結，在一種緩慢但無法阻擋的過程中逐漸鬆弛，最後甚至完全脫落。於是引領歐洲人前行的那種追求進步的意志，從此變得表面物質化並且迷失了方向。

肯定世界及生命的理念本身，只能帶來一種不完整且有缺陷的文明。只有將這種理念內化且倫理化之後所產生的進步意志，才能具備判斷價值高低的必要洞察力，所追求的文明也才不會只講究知識與技能成就，而是更重視個體及人類在精神與倫理上的提升。

不過近代歐洲這種肯定世界與生命的世界觀，為何會失去它原有的倫理性？這究竟是怎麼發生的？

唯一合理的解釋是：這種倫理性並沒有真正根植於思想之中。形成這種倫理性的思想雖是崇高且充滿熱忱的，但卻不夠深刻。倫理與這種肯定世界及生命之理念間的關連，我們更常是感受到與經驗到，而較少證實過。我們在思想上熟悉這種對世界與生命的肯定觀，也熟悉道德倫理，但並沒有真正探究它們本身以及它們之間的內在關係。

由於這個崇高且深具價值的世界觀，是更根植在一種堅定的信念，而非有關事物本質的思考，因此也必然會隨時間變得薄弱，並失去影響人心的力量。所有後來關於倫理道德之問題以及人與世界關係之問題的思考，都不過是讓這種世界觀的弱點更加浮出檯面，從而促使它崩解；假若這些思考的本意是要支撐這個世界觀，效果倒是適得其反。沒有人成功地以理由充分的立論，來取代那些立論薄弱者。事實不斷證明，這些思考所採取的新論述基礎，支撐不了頹壞中的世界觀。

我對文明與世界觀之相關性的思索，或許顯得抽象但絕對符合事實，它讓我認識到，這個近代的傳統世界觀——也就是倫理性的肯定世界與生命——勢所難免地失效了，而其後果便是文明的衰敗。不過我自己同時也明白了一點，正如許多其他人一樣，即使過去不曾想過要如何在思想上證明它，基於內心的渴望，還是堅守著這種世界觀。

＊＊＊

這就是我在一九一五年的那個夏天所達到的進度。但是接下來呢？那些至今被證明無解的問題，現在有解了嗎？還是，我們該從此把這個讓近代文明成為可能的世界觀，視為一種永不平息但也永不受掌控的幻想？

繼續把它當成某種值得信服的理念推銷給我們這個世代，在我看來毫無意義及希望。一種世界觀只有在成為某種思考的產物時，才能變成人自己的精神資產。

基本上我還是相信，那個在至今仍未能貫徹的文明世界觀中，我們所主張的倫理及肯定世界與生命之理念間的互相屬性，是來自一種對事實的感知。因此把那些過去只是我們「料想的」、「認為的」或常常也只是打著「已證實」之名號的事實視為有待商榷，並以不虛矯、坦誠的方式重新思考理解，還是值得一試。

企圖做這件事，讓我覺得自己就像一個不敢冒險搭著破朽老船出海的人，必須造一艘更好的新船，卻又不知從何下手。

有好幾個月之久，我的日子一直在不安的騷動中度過。即使沒有任何成果，還是全神貫注地思索著肯定世界與生命及倫理的本質，思索著它們兩者之間的共同點，連那些每天必須在醫院完成的工作都無法阻礙我。我彷彿迷失在一座叢林裡，找不到出路；也像傾所有之力，頂著一扇推不開的鐵門。

我從哲學裡所知道的關於倫理的一切，全都派不上用場。哲學所建構出來的「善」之觀點是如此狹隘且空洞，根本無法與肯定世界及生命的觀點產生關連。

整體而言，它幾乎根本從未關注過文明與世界觀之關係此一議題。近代這種肯定世界樂在生命的觀點是如此理所當然，以致沒有人感覺到有必要在哲學領域裡好好地探究它。

因此我在意外之餘不得不斷定，有關文明與世界觀的這個哲學核心領域，根本還是無人研究的處女之地。我試著從不同的點切入這個核心，卻只能一次又一次地放棄，我已精疲力盡，近乎絕望。有時好像看到那個關鍵所在的理解就在眼前，但卻摸不到它也無法將其表達。

就在這種狀態下，我還得在河上做一趟長途旅行。那是一九一五年的九月，我在羅培茲陪伴因健康問題而必須待在海濱靜養的妻子，卻被召喚前往上游約兩百公里處的恩勾摩，幫一位傳教士的妻子佩羅特太太看病。我所找到的唯一能夠成行的機會，是搭一艘正要出發的小蒸汽船，後面還拖著一艘負載過量的駁船。船上除了我之外全都是黑人，包括我在蘭巴雷內的朋友歐古瑪。因為在匆忙中沒能準備足夠的口糧，他們還把鍋子裡的食物也分給了我。

時值乾季，我們的船徐徐逆流而上，費力地摸索行駛於沙洲之間。我心不在焉地坐在駁船的甲板上，苦思著那最基本、最普遍，但在哲學領域裡卻遍尋不著的倫理概念。我一頁又一頁地寫著不連貫的句子，只希望自己能繼續專注在這個問題上。然後在第三天傍晚的日落時分，就在我們的船正穿越一群河馬而行時，「敬畏生命」這幾個字突然毫無預警地出現在我眼前。那道沉重的鐵門被推開了，叢林裡的小徑也清晰了起來。我終於找到了一個可以讓肯定世界與生命以及倫理相互涵蓋的概念！也終於知道，這種倫理性的肯定世界與生命的世界觀與它的文明理想，是共同根植於思想之中。

＊　＊　＊

那什麼是「敬畏生命」？它在我們心中又是如何形成的？

一個人若想認清自我以及他與這個世界的關係，就必須不斷先放棄訴諸自己的思想與知識，只去想自己意識中最先、最直接也最常出現的事實。唯有從這些既存事實出發，他才能獲得一種具思考性的世界觀。

笛卡兒讓「我思故我在」成為他思想的起點。然而選擇這個起點，卻使他無可救藥地陷入抽象的軌道裡。以這種內容空洞且虛構的思考行動探索人與自我以及與這個宇宙世界的關係，並無法得到任何結果。我們意識中最直接存在的東西，其實是具有內容的。所謂的思考，必有其思考對象。而人意識中最直接存在的事實是：「我是想要活下去的生命，在其他也想活下去的生命之中。」不管任何時刻，人只要對自己以及他周遭的世界加以思索，都會以這樣的「生存意志中的生存意志」來意識到自我。

在我的生存意志中，有著對繼續活著的渴望以及對那種能提升生存意志的不可解的力量（所謂「樂趣」）之嚮往，也有對毀滅以及對那種能削弱生存意志的不可解的力量（所謂「痛苦」）之懼怕；同樣地，在我周遭所有其他人的生存意志中，也都存在著這些渴望、嚮往與懼怕——不管他們是否能對我透露。

而人現在必須決定的，是要以何種方式來展現自己活下去的意志。他可以選擇否定生命，然而這意謂著對生命的態度會從肯定轉為放棄，一如印度或所有悲觀主義的思想，會讓自己陷入一種自相矛盾。因為他所主張的是某種違反自然的理念，在他的世界觀與人生觀中本身就不真實且無法實現。印度的思想與叔本華一樣充滿前後矛盾，雖然否定世界與生命，唯一能做的卻是不斷向生存意志讓步繼續「活著」，儘管它們不承認這是讓步。只有在他們對生存意志的否定確實終結人肉體的存在時，才能除去其思想上的矛盾。

如果選擇肯定生命，人就會以一種合乎自然且坦誠的方式來行為處世。其實他只是有意識地重覆確認了一件自己在潛意識裡已完成的事。一開始（這個思考的起點會不斷重覆），人通常不會把自己的存在直接看作是某種既成的事實，而會把它視為是某種深奧玄妙的經驗。肯定生命是一種精神態度，它讓人不再得過且過地度日，也讓人開始對自己的生命懷有敬畏，希望能使生命產生真正的價值。肯定生命的樂天態度，就是生存意志的深刻化、內化與提升。

開始認真思考著生命的人，同時也會感受到一種驅使，認為自己得以同樣敬畏生命的態度來面對所有其他具有生存意志者。他在自己的生命中，體驗著他人的生命。對他而言，「善」是維護生命、促進生命與讓可以開發的生命發揮最高價值；「惡」則是毀滅生命、損害生命與壓迫可以開發的生命。這是道德倫理中，最需要考慮的絕對根本原則。

所有倫理學的論述至今犯下的最大錯誤，就是認為它們只需探討人與人之間的關係就好了。然而事實上倫理也牽涉到人是以何種態度來面對世界及所有出現在他周遭的生命。只有在認定植物和動物這些生命也跟人同樣神聖，並願意投身幫助處於困境的生命時，人的行為才是符合倫理的；也只有那種超越界限，將道德責任擴及一切生命的普遍性倫理，才能夠在思想中深植下基礎。人與人之間如何相待的倫理並不是單獨存在的，它只是普遍性倫理的一個特別產物。

因此敬畏生命的倫理，涵蓋了所有能被稱為愛、奉獻、同甘共苦與齊心協力等的情操。

然而這個世界，現在卻正上演著一場生存意志自我分裂的慘劇。以犧牲他人的存在來達成自己的存在，某個存在摧毀另一個存在。只有開始思考生命的人，才會在自己的生存意志中意識到他人的生存意志，願意與其休戚與共，站在同一邊。但是他卻無法完全這麼做，因為當人面對令人費解且殘酷的法則，也會不得不以犧牲他人的生命為代價來活下去，並在摧毀與傷害他人的生命中，變得罪孽越來越深重。還好身為道德動物，他會竭盡所能地奮力掙脫這種制約；身為一個變得自覺且慈悲的人，他會在自己影響力能及的範圍內，遏止這種生存意志自我分裂的悲劇。他渴望能展現人道，協助他人從痛苦中解脫。

開始思考生命的人心中所形成的「敬畏生命」，在概念上包含了彼此緊密相關的倫理學與肯定世界及生命的理念。它的目的是創造價值，讓提升個體與人類在物質、精神及倫理上之發展的進步能真正實現。相較於當代這種思想空虛的肯定世界與生命理念，正在知識、技能與權力等理想間踉蹌而行，開始思考生命的人則將追求精神與倫理上的完善列為最高理想，因為只有它才能讓所有其他方面的進步得到真正的價值。

透過講究倫理，我們得以深入思考自己這種肯定世界與生命的理念，而這讓我們得以分辨出，在文明發展中什麼重要、什麼又不重要。於是我們不再受那種愚昧的文明狂妄所掌控，並敢於正視這個事實——知識與技能的進步，對真正的文明發展不僅沒有助益，反而使其更加困難。精神與物質進步的變化關係，是我們現在得面對的問題。我們知道所有的人都得與他置身的環境對抗，也必須關注如何將這場幾乎毫無希望且讓許多人陷入不利社會處境的奮戰加以扭轉，使它再度前景輝煌。

從這種透過思考深化的倫理性進步意志出發，我們可以脫離非文明的煉獄，回到真正文明的正軌。早晚有一天，我們會迎來那個最終的真正文藝復興，而它將為世界帶來和平。

* * *

至此我整個有關文明哲學的論述計畫，已經有了很清楚的架構。它很自然地分為四部分：一、有關當代文明之匱乏及其緣由；二、以歐洲哲學過去試圖為倫理性肯定世界與生命之世界觀立論的成果，深入探討敬畏生命的理念；三、闡述敬畏生命的世界觀；四、有關文明之邦。

關於第二部分，也就是描述歐洲哲學在處理倫理性肯定世界與生命這個議題上的悲劇性奮鬥過程，是迫於我內心的那股需求而做——也就是我習慣先在歷史脈絡中了解自己正在探討的問題，並把自己得出的答案，視為是過去那些嘗試的綜合。我並不後悔自己忍不住再次這麼做，因為深入探討其他人思想的過程，也讓我釐清了自己的想法。

進行這個歷史回顧工作所需的文獻，有一部分我身邊就有；至於不足的部分，住在蘇黎世的動物學教授史拖爾（J.Strohl）及其夫人則會幫我寄來。此外，我曾為其伴奏過幾次管風琴且以詮釋巴哈作品聞名的蘇黎世演唱家考夫曼（Robert Kaufmann），也協助我透過日內瓦國際公民組織，盡量與外面的世界保持連繫。

我好整以暇地逐步擬定綱要，在先不顧慮既定章節結構的情況下蒐集並整理資料。除此之外，也開始動筆寫了幾個段落。現在每一天對我而言都是個恩賜，當其他人必須在戰場殺戮時，我不僅可以拯救生命，還能為以後和平的到來盡點心力。

值得慶幸的，還有醫院所需的藥品與繃帶紗布這些東西都沒有短缺。因為在戰爭爆發前的最後一次船運中，我們得到了一大批所有必需品的補給。

因為蘭巴雷內過於悶濕的空氣對妻子的健康非常不利，一九一六～一七年間的那個雨季，我們是在海邊度過的。一個做木材買賣的生意人提供了一棟屋子讓我們住，就位在羅培角附近的奇恩加，一條支流匯入奧果韋河處。那房子原本是給看守木筏的人住的，因為戰爭目前空著。為了表示感謝，只要那些非洲工人還在，我就會跟他們一起把那些綁在木筏裡的非洲紅檀木樹幹，從海裡推上陸地，這樣它們才不會在前往歐洲的船運重啟前——或許是很漫長的一段時間——，變成鑿船蟲的犧牲品。我們經常得花幾小時的時間，才有辦法把一根可能重達三噸的原木推上岸邊，而這粗重的工作，必須在漲潮那段時間內完成。至於退潮時，我就會坐下來埋首於我的《文明的哲學》——只要沒有病人需要我。

# 十四、加瑞松與聖雷米：

## 俘虜營的生活

一九一七年九月，我才剛在蘭巴雷內重新展開工作沒多久，就接到一紙命令，我們必須立刻搭下一班船前往歐洲，然後住進戰俘營。幸運的是那班船晚了幾天，所以在傳教士與幾個當地土著的協助下，我們還有時間把個人物品以及藥品、醫療器材這些東西都裝進箱子，然後全部收在一間小鐵皮屋裡。

把《文明的哲學》手稿帶上路這樣的想法，我根本不敢有。隨便一次搜查，它就可能會被沒收。因此我把手稿託付給一位當時也在蘭巴雷內活動、名叫福特的美國傳教士，而他向我承認，自己其實是更想把這個沉重的包裹直接丟進河裡的——因為在他的心目中，哲學根本毫無必要且有害人心；不過基於基督徒之愛，他還是會好好地保管它，並在戰爭結束後將它交還到我手中。為了以防萬一，希望無論在什麼情況下我的心血都不至於全部泡湯，我還是用兩個晚上的時間作了一份法文摘要，內容包括整部作品的主要概念以及已完成章節的段落安排。為了讓它在審查員眼中看起來與現實無關且不違規挑釁，我還下了一些相應的篇章標題，以使它看起來像一部有關文藝復興運動的歷史研究。這樣的做法，確實成功地讓它數度逃過被沒收的命運。

出發的兩天前，我還在一堆已裝箱或正打包中的箱子之間，很快地為一個得疝氣的病人動手術。

當我們被帶上停泊在河邊的汽船，一些岸上的土著也正對我們喊著真摯道別的話時，天主教傳教團的神父長以威嚴的手勢示意想阻止他走向我們的黑人士兵退開，登上船與我們握手告別。他說：「在我還沒有為兩位在這裡所做的一切善事表達謝意之前，你們不能離開這塊土地。」我們後來應該就沒有再見過面了。戰後沒多久，他所搭的「非洲號」——也就是載著我們回歐洲的那艘船——沉沒於比斯開灣。

在羅培茲角時，有個我曾幫他妻子看過病的白人悄悄走過來對我說，如果我缺錢的話，他那裡有一些。對此我不知道有多慶幸，自己身上還有當初因為擔心戰爭爆發帶來的金幣！而且就在出發前一小時，我也才剛在一個英國木材商人朋友那裡，以滿有利的匯率換到一些法國紙幣，妻子和我則將這些錢縫進衣服穿在身上。

在船上，我們被移交給一位白人低階軍官看管，除了一位指定的乘務員之外，不得與任何人交談，只能在固定時間內到甲板上透氣走走。因為沒辦法寫作，我就以熟記巴哈的賦格以及魏多的第六號管風琴交響曲來消磨時間。

那位乘務員——沒記錯的話，他叫蓋拉德——對我們非常地好。記得就在航程快結束時，他突然問我們知不知道為什麼他對身為俘虜的我們特別友善。「你們吃的東西，」他說：「我總是用乾淨的餐盤端來，你們的艙房也打掃過，不像其他都是髒的。」（以戰時非洲船隻對乾淨極為有限的要求來說，他的說法算恰當）。「所以你們認為可能的原因是什麼呢？」他繼續問，「我為何要這樣做？當然不是為了要多拿點小費，沒有人對俘虜會有這種期待的。那會是什麼呢？現在我要告訴你們。幾個月前，一位住在我所服務的艙房裡的高雪先生，也搭這艘船回家了，而他之前曾在你們的醫院待了好幾個月。有天他對我說，蓋拉德呀，那位蘭巴雷內的醫生，有可能很快就會變成俘虜被遣送回歐洲；如果他搭上了你們的船，而且有任何你們可以幫得上忙的地方，還請因為我的緣故多多關照。現在你們知道，我為什麼要對你們這麼好了吧！」

＊＊＊

抵達波爾多之後，我們有三個星期的時間，都待在貝勒維爾路上那個所謂的「中繼站營區」，也就是用來暫時收容外國戰俘的地方。在那裡沒多久我就染上了痢疾，幸好行囊裡還有一些土根鹼，可以用來對抗這疫疾；不過它所留下的病根，還是折磨了我很長一段時間。

後來我們被送往庇里牛斯山區規模很大的加瑞松俘虜營。但是對於那道要我們在晚上備妥出發的命令，我們卻會錯意了；由於沒想到所謂的晚上就是接獲命令的當天晚上，所以當兩位憲兵開著車出現在午夜時分要來載我們時，我們根本沒有打包行李。兩位憲兵認定我們不服從命令已頗為惱怒，我們就著微弱得可憐的燭火收拾行李進度非常緩慢，更使他們失去耐心，打算要我們留下行囊直接上路。不過他們終究還是有同情心的，甚至動手幫忙收拾及打包行李。從此我就常以對這兩位憲兵的記憶來自我警惕，即使自覺有理由不耐煩，也會要求自己面對人時要保持耐心。

於是我們被送進了加瑞松，而值班的士官在檢查我們的行李時，發現了一本亞里斯多德《政治學》的法文譯本——那是我為了研究《文明的哲學》而帶在身邊的。「我真不敢相信！」他大聲斥罵著：「現在他們竟然連政治性的書都帶進戰俘營了！」我有些膽怯地向他解釋，這本書寫在基督誕生之前。「真的嗎，你這個大學生？」他朝一個站在旁邊的士兵問，而他確認了我的說法。「好吧！不過那時候就已經有人在從事政治了？」他又反問，在我們肯定答覆後他決定：「基於今天的政治一定與當時不同，我允許你們可以留下這本書。」

加瑞松（普羅旺斯語為 guérison）過去原本是一座很大的修道院，許多生病的人都會大老遠地來此朝聖祈福。自從政教分離後它就一直閒置著，逐漸老朽破敗，直到戰爭爆發，才又變成幾百個敵國百姓——男女老幼都有——的安置所。有些拘禁在這裡的戰俘本來就是工匠，經過他們一年的整修，又讓它恢復到某種程度的完好狀態。我們在那裡時，營區的主管是一位名叫維奇的退休殖民地官員。他是個神智學者，管理風格不僅講究公平，也仁慈善良。比起那位嚴厲苛刻的前任主管，他得到更多肯定。

抵達加瑞松的第二天，我正冷得直打哆嗦站在中庭，一位同樣囚禁在此的人向我走來，自我介紹他叫博克洛，是個碾磨機技師，並問有沒有可以為我效勞之處。他說他欠我一個人情，因為我讓他妻子恢復了健康。我與他的妻子雖然互不相識，但事情似乎確實是這樣。戰爭剛爆發時，一位名叫克拉森的先生——他是漢堡一家木材公司的代表——要從蘭巴雷內的戰俘營被遣送到達美荷，我於是給了他大量的奎寧、布勞士丸（碳酸亞鐵丸）、土根鹼、甲基胂酸二鈉、溴化鈉、安眠藥與其他藥物，讓他及之後會在那裡遇上的其他戰俘使用。每個藥瓶上，我都附有詳細的服用說明。後來這位先生又從達荷美被遣送到法國，然後與博克洛夫婦同在一個戰俘營裡。所以博克洛太太就是這樣從克拉森那裡得到我給的藥，當時她正飽受食慾不振以及精神耗弱之苦，而這些一路輾轉、經歷無數次行李檢查、幾乎像奇蹟一樣被克拉森搶救留下的藥，讓她恢復了健康。這個治療為我帶來的報酬是一張桌子，是博克洛用他從倉庫某處拆下的木板做成的。於是我又能夠寫作……與彈奏管風琴了。其實在回歐洲的航程中，我就已經開始把一張桌子當作琴鍵，下面的地板當踏瓣，來練習彈奏管風琴，就像我還是個小男孩時會做的那樣。

一起拘禁在此的還有一群吉普賽音樂家，幾天之後，其中最年長的那一位，突然問我是不是羅曼羅蘭《當代音樂家》書裡提到的那個阿爾伯特．史懷哲。聽到我說是之後他對我推心置腹，說從現在起他們圈子裡的人都會把我看作自己人。這意謂著，以後我可以參加他們在倉庫的音樂演奏，與妻子生日時也有權要求一首小夜曲。而妻子在她生日那天，果然是在〈霍夫曼故事〉這首華爾滋美妙的樂音中醒來。這群吉普賽音樂家原本在巴黎一些氣氛高雅的咖啡館裡表演，被拘捕時獲准保留對他們來說像生產工具的樂器，並可以在營區裡進行練習。

不久之後，又有一群人被送進了營區，一座小型俘虜營的廢除使他們必須遷移。只是初來乍到，他們居然馬上就抱怨起伙食很糟，怪罪負責伙食的人——這些人在廚房的工作可是眾人豔羨——沒有善盡職責。這樣的批評讓那些炊事員極為沮喪，他們的本業不僅是廚師，在被拘禁到加瑞松之前，更都任職於巴黎最高級的飯店與餐廳。整件事後來鬧到營長面前，他先問了那些批評者是否有人本業就是廚師，結果居然一個都沒有。帶頭抱怨的是個鞋匠，其他則還有裁縫師、做帽子、編籃子、做刷子以及其他類似的行業。不過他們在之前的營區裡倒是負責炊煮，而且還自認掌握了如何把大鍋飯也煮得一樣好吃的訣竅。營長最後以所羅門王式的智慧，決定讓他們接管廚房試煮十四天。如果他們能做得比原有的廚師好，就可以繼續留在這個位置上，反之則會被當做擾亂秩序關禁閉。接下來從第一天的馬鈴薯配酸白菜開始，就證明他們並不是在吹牛；而之後的每一天，更都是一場新的勝利。就這樣，本業非廚師的人被任命為新的炊事員，職業廚師則被趕出了廚房。我問了那個鞋匠他的祕訣是什麼，他回答說：「你得各方面的烹飪知識都懂一些，不過最重要的是：用愛與關懷來烹調。」在那之後，每當我聽到又有那位門外漢被任命為某部長時，都不再像以往那樣容易激動，而是試圖寄予厚望，說不定他會像加瑞松那位鞋匠在烹飪上一樣稱職。

說也奇怪，我是拘禁在那裡的人當中唯一的醫生。一開始，營長嚴格禁止我與病人有所來往，因為那是官方駐營醫生該做的事——當時附近鄉下的一位老醫生擔任了這個職務。不過後來他認為，如果我的專長能夠讓營區直接受益，就像營區裡好幾個牙醫一樣，也算合理；他甚至安排了房間，讓我作為診療室。我行囊裡裝的本來就是以藥品及器材為主，負責檢查的下士又讓我能留下它們，所以診治病人所需的物品，可說相當完備。尤其是對那些從殖民地被遣送回來的人以及許多染有熱帶疫疾的船員，我更能提供有效的治療。

於是我又變成了醫生。其它空閒的時間，則用來繼續撰寫《文明的哲學》（當時我正在草擬文明之邦這部分），以及在桌面與地板上練習管風琴。

＊ ＊ ＊

身為醫生，我很清楚俘虜營裡那幾乎無所不在的悲慘與不幸。而情況最不堪者，就是那些在監禁狀態下精神受創的人。從被允許進入中庭，一直到天黑時趕人回房的號角響起，他們都在繞著圈子走路，凝望著圍牆外遠方在積雪下微閃著光芒的庇里牛斯山脈。他們心靈枯竭，再也找不到動力做任何事；下雨時，就表情呆滯地佇立在走道中。另外，即使這裡的伙食就俘虜營的標準來說不算太糟，久而久之因對單調的食物生厭抗拒，他們通常也都營養不良。還有大部分的房間都缺乏取暖設施，所以許多人也深受寒凍之苦。於是這些在靈魂與肉體上都變得脆弱的人，即使是一點不舒服，都可能會惡化成棘手的重症。他們當中有許多人，因為無法承受失去自己在外地奮鬥多年的成就與地位，長期深陷憂鬱；就算哪天加瑞松俘虜營的大門打開了，也不知道該何去何從。許多人跟法國婦女結了婚，生了只會說法語的小孩——他們該要求妻小離開故鄉嗎？還是該為自己下此判決——戰後留在這塊異國土地上，尋求再被接納以及工作的機會？

營區裡那些面無血色、總是冷得直打哆嗦的小孩，大部分說著法語，他們總在中庭和走廊上玩著打打殺殺的戰爭遊戲。經常一方扮演著協約國，另一方則是同盟國。

對那些身體還算健康、精神也還算飽滿的人來說，俘虜營倒是提供了各種各樣的樂趣，因為這裡的人來自許多不同國家，三教九流、各行各業皆有。其中有學者與藝術家——尤其是意外遇上戰爭而被困在巴黎的畫家；受雇於巴黎的大公司，來自德、奧的鞋匠及裁縫師；銀行主管、飯店經理、餐廳服務生、工程師、建築師、工匠與定居在法國及其殖民地的生意人；天主教傳教士及來自撒哈拉、身穿白衣頭戴紅色圓帽的宗教人士；來自賴比瑞亞及非洲西海岸其他區域的商人；被捕時正在海上航行，來自北美、南美、中國與印度的商旅人士；德、奧貿易商船上的整隊船員，也有同樣的命運；在東方戰爭中基於某種原因被驅逐出境的土耳其人、阿拉伯人、希臘人與巴爾幹半島各國的人——其中土耳其的婦女還戴著面紗。基於以上，每天兩次在中庭進行集合時，那畫面可真是色彩繽紛！

在這裡，想要增長知識不需要靠讀書。因為幾乎你想知道的一切，都有某位具專業知識的人可以讓你發問。而我充分地利用了這個獨一無二的機會來學習，因此在銀行業務、建築、碾磨機製造與保養、穀物種植、火爐製造以及其他許多領域上，獲得了原本不可能得到的知識。

對於被迫無所事事的人來說，營區裡的日子極其難捱，尤其是那些工匠。某次妻子拿到一塊布料，想做件較保暖的衣裳，許多裁縫師表示要免費服務，只因想把布料拿在手中，重拾針線有活可幹。

為了能獲准偶爾到附近的農家去幫忙，別說那些本來就略懂農事者，連一些平常根本就不習慣勞動工作的人都報名了。對活動欲望最低的其實是那些船員，海上的生活讓他們非常了解如何以需求最低的方式一起消磨時間。

一九一八年的年初公布了一個消息，如果德國沒有在某月某日前撤除對比利時百姓採取的措施，營區就會從每個姓氏字母裡，選出若干「顯要人士」送到北非——如果我沒記錯——的一個報復性俘虜營。而我們全都應該向家裡傳達這個訊息，以促使家人採取必要行動，讓我們免於這種厄運。可能被送到報復性俘虜營的「顯要人士」候選人包括：銀行主管、飯店經理、事業很大的商人、學者、藝術家以及諸如此類。挑選這些有頭有臉的人，讓他們面臨厄運的威脅，比起默默無聞的多數更能在他們的家鄉得到關注。不過這個消息的公布卻也意外曝露出一個事實：營區的某些顯要人士，其實並不顯要。侍者領班被送進來時說自己是飯店經理，以讓自己更有分量；而商店裡的雇員，則說自己是大老闆。現在他們向每個遇到的人，哀嘆自己因假冒顯要而惹禍上身的危險。幸好老天垂憐，後來一切平靜落幕了。德國撤除了他們在比利時的措施，而加瑞松的那些顯要人士——不論是真是假，也都暫時不用害怕會被送到報復性俘虜營。

＊　＊　＊

當春天終於在漫長嚴冬過去後來臨，一道命令下來，妻子和我將被轉移到普羅旺斯聖雷米（St. Remy）一處專門收容阿爾薩斯人的俘虜營去。儘管營長想為營區留下醫生，我們也想留在自己已經適應的地方，然而一切希望能撤銷這道命令的請求，最後都是徒然。

三月底時我們被送到了聖雷米。那裡營區收容的人不像加瑞松那麼萬象世界，主要是教師、林務員以及鐵路局的公務人員。我在那裡遇到了幾個舊識，包括根斯巴赫的年輕老師伊爾提斯，以及一個曾是我學生的年輕牧師利布瑞希。利布瑞希牧師獲准在星期天進行禮拜，而我以代理者的身分，也因此有了多次布道的機會。

聖雷米營區的營長名叫巴格瑙，是個來自馬賽的退休警官，管理風格相當溫和。最能體現他那平易近人作風的，就是每當有人問起可不可以做某些事時得到的答案：「全部都不准！不過，如果你們表現得合乎理性，有些事還是可以容許的！」因為沒辦法正確讀出我的姓氏，他總叫我阿爾伯特先生。

營房的地面樓層是我們白天可以逗留的地方，然而第一次踏進那裡時，我卻對這個光禿醜陋的巨大空間，有種奇怪的熟悉感。我是在哪裡看過那個鑄鐵爐子，還有那貫穿整個房間的長爐管呢？最後謎底揭曉，原來我是在梵谷的一幅畫裡見過它。這座目前作為俘虜營安置我們的修道院，位在四面有高牆圍起的庭院中，其實一直在不久之前，都還是收容精神病患的地方。也就是說，這個我們現在常無所事事坐著發呆的空間，梵谷也曾經待過，而且還用他的畫筆，把這個單調貧乏的空間化成了永恆。當寒冷的密斯脫拉風颳起，他也曾像我們一樣，瑟縮在這片冰冷的石地板之上！也曾像我們一樣，在那庭院高牆之間惶然踱步打轉！

這裡的拘禁者之中已有一位醫生，所以最初我並不需要與病人接觸，可以整天專心撰寫文明之邦這部分的初稿。不過那位醫生同仁後來因交換俘虜而獲准返鄉，於是我又變成了營區醫生，還好這裡的工作量不像加瑞松那麼大。

原本因加瑞松的山間空氣健康已大有改善的妻子，現在卻深受普羅望斯凜冽刺骨的寒風之苦，也沒辦法習慣這裡的鋪石地板。即使是我自己的狀況都不太好，自從在波爾多得過痢疾之後，我就察覺到一種日漸增強的虛弱倦怠感，儘管試著克服卻毫無成效。我變得很容易疲憊，甚至和妻子一樣，沒辦法參與外出散步的活動——拘禁在這裡的人，某些特定日期獲准在士兵看管下這麼做。大部分的人在這個活動中腳程都很快，因為他們想盡可能多活動筋骨，想在規定的有限時間內走越遠越好。

幸好營長通常也會在那幾天，親自帶我們及其他幾個身體較虛弱的人到外面走走。對他的善意，我們總是心懷感激地接受。

# 十五、重返阿爾薩斯

七月中旬，當消息傳來我們全部——或幾乎全部——很快就可以在交換俘虜下被釋放，並且幾天後就能借道瑞士回家，我感到由衷的喜悅，尤其是為飽受監禁與思鄉之苦折磨的妻子。幸好她不知道，我的名字一開始其實並沒有出現在營長收到的那份釋放名單上。七月十二日那天夜裡，我們被叫醒了；根據電報傳來的命令，我們必須馬上為出發準備就緒。而在這次的名單上，所有人都齊了。日出時，我們拖著行李到中庭準備被複檢。我在加瑞松以及這裡寫下的《文明的哲學》部分草稿，已經先呈送營區的審查單位，他們在上面某幾頁蓋上審查章之後，現在我獲准把它們帶走。當一列長長的隊伍通過大門往外散去時，我又回去找了營長，並發現他悲傷地坐在自己的辦公室裡。對他而言，跟這些被囚禁者道別是件困難的事。一直到今天，我們還保持著書信往來，他在信中總稱我為「親愛的寄宿者」。

在塔拉斯孔（Tarascon）車站等火車進站前的那段時間，我們得走到一個有些遠的候車棚去。然而因為拖著沉重的行李，妻子與我得費盡力氣才能在軌道間的碎石上前進。一個可憐的跛子表示可以幫我們抬行李，我曾在營區治療過他，因為一無所有，所以他沒有任何行李。我感動地接受了他的幫助，與他頂著炙熱的陽光並肩走著，那一刻我向自己發誓要謹記他的善行，日後不管在哪裡，都要特別留意有沒有人的行李過重以向他伸出援手，而我也確實遵守了這個誓言。只不過有一次我所釋出的善意，居然被懷疑居心叵測想偷東西。

我們在塔拉斯孔與里昂間的某個車站，受到一群紳士淑女親切的接待，還被帶領到一個擺滿食物的桌子前。不過就在我們正盡情享用著餐點時，接待我們的人態度突然有點奇怪地顯得尷尬，並在彼此簡短交換幾句話後便離開。原來他們是突然明白了我們並不是他們要接待的客人。他們正等候著來自北法占領區的人，這些人在被德國人短暫拘留後便經由瑞士被遣送回法國，而現在應該要被安置在南法。當車站宣布一列載有戰俘的火車即將進站停留時，這個為了關懷戰俘而成立的委員會，便以為要進站的就是他們在等的人了；直到聽見這些吃東西的人說的是阿爾薩斯語而不是法語，才知道這是個錯誤。當下的情況是如此滑稽，連這群不小心認錯人的委員會成員，自己最後都忍不住要笑出來。不過整件事最精彩的部分，是一切都發生得太快，我們大部分的人又都忙著在吃，以致根本沒注意到有任何異狀，只認為應該要好好享用這桌為我們準備的大餐。

我們的火車在繼續上路之後變得越來越長，因為在幾個車站又分別加掛了來自其他俘虜營的車廂。其中有整整兩車廂，載滿了流浪漢與吉普賽人以及各種補籃子、補鍋的、磨刀剪的師傅。

在瑞士邊境時，我們的火車被攔下來停了很久，一直等到電報來訊通知，說對面那班載著預定與我們交換的俘虜列車，也同樣來到了瑞士邊境。

七月十五日一大早，我們抵達了蘇黎世。我在驚訝中被人從火車裡叫了出來，因為神學教授麥爾、歌唱家考夫曼還有幾位朋友，為了向我表達歡迎問候都來到了車站。他們竟然從幾星期前就知道我會來！火車在繼續開往康士坦茨的路上，我們一直都站在窗邊，目不暇給地看著瑞士井然有序的田野與潔淨的屋舍。我們幾乎不敢相信，自己正置身一個不識戰火的國度。

康士坦茨留給我們的印象是駭人的，因為之前只是耳聞的饑荒，現在變成親眼目睹的悲慘世界。滿街都是毫無血色、骨瘦如柴的人！他們的步伐看起來如此疲憊，幾乎叫人懷疑他們怎麼還有辦法立直身體！

妻子獲准可以跟來這裡與我們會面的岳父岳母立刻回史特拉斯堡，我則必須與其他人在康士坦茨再待一天，等到所有相關手續辦完。我回到史特拉斯堡時已是夜晚，然而街上卻一盞燈都沒亮！也沒有任何人家的窗口透出一點光！為了避免空襲，整座城市必須保持黑暗。我到不了在僻遠郊區的岳父岳母家，連通向聖多瑪斯教堂附近費雪夫人家的那條路，也是費了些工夫才找到。

根斯巴赫因為就在軍事活動區裡，我得經歷無數奔波與多次申請，才終於獲准探訪父親。現在火車只能通到科瑪，接下來往佛日山脈的十五公里路，就只能靠步行。

＊＊＊

我在一九一三年的耶穌受難日與它道了別，而那座寧靜祥和的山谷，如今何在！山裡隱約傳來砲彈射擊的隆隆聲，道路兩旁拉起覆上麥稈的鐵絲網，人就彷彿走在高牆之間；這麼做是為了掩護行駛其間的車輛，以免成為佛日山山脊上那些敵軍砲台的目標。到處都是石頭灰泥砌起的機關槍台！到處都是被炮彈擊碎的屋舍！記憶中覆滿森林的山嶺，現在則一片光禿，炮火只留下幾根散落的殘幹。村子裡張貼著這樣的告示，所有的人都要隨時隨地載防毒面具。

根斯巴赫是最接近前線戰壕的村鎮。它之所以至今沒被駐守在山脊上的那些炮兵摧毀，都得拜它具掩護作用的險要山勢之賜。即使到處都是軍人與殘破的屋舍，這裡的居民還是幹著自己的活，彷彿戰爭並不存在。只准在晚上把曬乾的牧草從草場運回來，對他們已經變成如此理所當然，就好像聽到警報便得躲進地窖，或隨時都可能接獲命令——基於敵軍攻擊的威脅——得捨棄一切立刻離開村子一樣。父親對所有的危險已變得如此漠然，砲火襲來時，他並不像其他人一樣躲進地窖，而是繼續待在他的書房。曾經，他不需要與這些軍官或士兵共用這棟牧師宿舍，現在他幾乎想不起那是什麼情況。

不過這些對戰爭變得麻木的人，卻非常擔心他們的收成，因為可怕的乾旱正威脅著一切。穀物乾枯了，馬鈴薯也停止生長了；許多牧草地上的草是如此稀疏，根本不值得收割；牛欄裡，則傳出饑餓的吼叫。偶爾地平線的那端會升起一片烏雲，然而它不會帶來降雨，只會帶來吹乾土壤裡僅剩水氣的風，以及載著饑餓幽魂的滿天沙塵。

在此同時，妻子也獲准來到根斯巴赫。

我本來希望回到家鄉的山林間，就能夠克服經常折磨著我的虛弱倦怠與時好時壞的發燒症狀——在聖雷米的最後那段時間就已是如此——，可是情況不僅沒有改善，甚至還一天比一天糟。八月底時，持續高燒與劇烈疼痛的症狀，讓我意識到這是波爾多那場痢疾的遲發性後遺症，而且需要立即開刀接受治療。我在妻子的陪伴下，拖著病體走六公里之後，才有機會搭便車前往科瑪。九月一日，史多爾茲教授幫我在史特拉斯堡開了刀。

在我又恢復到再度能工作時，史特拉斯堡市長史萬德先生立刻提供了一個在市民醫院擔任助理醫師的職位給我。正徬徨於不知該如何謀生的我，欣然接受了他的好意，並被指派負責皮膚科診療部的兩間婦女病房。同一時間，我也再度被聖尼古拉教堂任命為代理牧師；而聖多瑪斯參事會把聖尼古拉教堂河堤區閒置的牧師公館提供給我，也讓我感激不盡，因為身為代裡牧師其實並不具備入住的資格。

停戰之後，阿爾薩斯從原屬德國管轄變成了法國行政區，有段時間我得完全獨自負責聖尼古拉教堂的禮拜活動。一來之前傑羅德牧師空下的位置，新的法國當局這邊尚未遞補——他因發表反德言論而被德國當局解除職務——；原本該接任克尼特牧師的恩斯特牧師，也因思想不夠「法國」，必須放棄這個職位。

在停戰時期與那之後的兩年間，我因為有時甚至會背著一整袋食物走到凱爾，去接濟德國那邊正在挨餓的朋友，變成了萊茵橋上那些海關人員的熟面孔。我尤其把照顧科西瑪．華格納夫人、老畫家托瑪與他的妹妹阿嘉特，當做自己的責任。我認識托瑪已經多年，當時是經由舒姆夫人的介紹——一位青少年時期好友的遺孀。

# 十六、助理醫生與牧師

我用自己在兩種職務以外僅剩的時間，來編寫有關巴哈的聖詠前奏曲，打算只要收到在蘭巴雷內時完成的那部分手稿，巴哈作品美國版的最後三冊就可以送交付印。然而這份手稿一直都沒有寄到，美國那邊的出版社似乎也無意立即出版，我只好暫時擱下這件事，再度回到《文明的哲學》的工作上。而這一耽擱，便直到今日；儘管這期間出版社又再度積極起來也不斷催促，我還是沒辦法把這三冊聖詠前奏曲完成至可發表的狀態。

在等候取回我在非洲寫成的《文明的哲學》手稿同時，我也開始致力於研究世界各大宗教與它們所抱持的世界觀。一如以前就曾經根據這點，探討過去哲學對「倫理性肯定世界與生命是文明動力」這種看法的認可程度，現在我則是想要釐清猶太教、基督教、伊斯蘭教、祆教、婆羅門教、佛教、印度教與中國思想中的宗教信仰，含有哪些對世界及生命的肯定／否定觀及倫理道德觀。在這個過程中，我完全證實了自己的觀點：文明乃源自人類對世界與生命的一種倫理性肯定。

在態度上明顯否定世界與生命的宗教（如婆羅門教與佛教），對文明並沒有興趣。先知時期的猶太教，以及幾乎同時出現的祆教與中國思想中的宗教觀，則在對世界及生命的倫理性肯定中帶有強烈的文明動力。相對於傾向悲觀的宗教，要人在沉思靜觀中固守自我，他們想要打造更好的社會環境，並呼籲人以有意義的行動實現共同目標。

猶太教的先知阿摩司與以賽亞（西元前七六〇～七〇〇年）、查拉圖斯特拉（西元前七世紀）以及孔子（西元前五六〇～四八〇年），在人類的思想精神史上代表著重大的轉捩點。西元前八到六世紀這段期間，分別來自三個相隔甚遠、彼此互不相關之民族的思想家，卻共同得到一個認識：倫理道德並不在於對傳統習俗的順從，而是在於個體對他人或對改善社會狀態之目標的積極奉獻。在這場重大革命中，人之所以為人的精神演變，以及藉此有高度發展能力的文明，都正式展開。

基督教與印度教對世界與生命的觀點，則既非純粹肯定也非否定，而是兩者同時存在也相互對立。與此相應地，它們對文明的態度也是既能肯定也能否定。

若說基督教對文明持否定態度，是因為它形成於一種預期世界末日將臨的理念中，對改善真實世界的環境並不感興趣；然而它含有積極的倫理觀，這同時又讓它以某種不凡的方式表現出對文明的肯定。古代世界的基督教，已自我證實具有文明摧毀性。晚期斯多噶學派曾致力於革新羅馬的世界帝國，想創造出一種講究倫理的人類社會，然而卻沒有成功，部分原因即在於基督教。從愛比克泰德

（Epiktet）及其他代表人物身上得知，晚期斯多噶學派的倫理觀其實與耶穌極為相近。不過基督教的倫理觀結合了否定世界及生命的世界觀，對事實仍然產生了影響。

近代基督教則在經歷文藝復興、宗教改革與啟蒙運動後，逐漸擺脫它從原始基督教的末世論起就一直固有的對世界與生命的否定態度，且相對給予肯定論發展的空間，於是成為致力於文明發展的宗教之一。

以這樣的新內涵，它加入了與無知、無用、殘暴與不公不義的對抗；也因為如此，一個新的世界在近代成形了。只有透過基督教強大的倫理能量，結合近代那種肯定世界與生命的進步意志，並投身於時代任務之中，才能創造出十七、十八世紀的文明成就，使我們受惠無窮。

然而好景不常，隨著中世紀及中世紀後期思想在十八世紀再起，基督教重新傾向否定世界與生命觀的程度，已使它不再是種文明發展的力量，因此也開始又讓人注意到肯定文明，這在當代歷史已有足夠的例證。

至於在印度教裡，相較於否定世界與生命的觀點，肯定論從未真正得到認可。它從不像十六～十八世紀的基督教，曾在深具影響力的思想家引領下，奮力突破過悲觀主義的傳統。這使得印度教縱然有倫理的推動力，卻沒辦法在它所盛行的國家，創造出像基督教世界那樣的文明成就。

伊斯蘭教則只有在論及其傳播幅員之廣大時，才稱得上是世界宗教。它在精神上沒辦法發展成世界宗教，因為對有關世界與生命之事進行絕對深入的思考，是不被允許的。一旦內部有這樣的想法出現，為維持傳統觀念的權威，它會立刻加以壓制。不過今天的伊斯蘭教本身，有著比它表面所呈現的更強的神祕主義與倫理觀深化傾向。

就在我埋首於這些工作時，一九一九年的聖誕節前幾天，我收到了索德布羅姆（Nathan Söderblom）大主教的邀請，希望我能在隔年復活節後到瑞典的烏普薩拉大學為厄勒布魯（Olaus Petri）基金會上幾堂課。這個邀請完全出乎我的意料，因為在戰後至今的這整段時間裡，史特拉斯堡深居簡出的生活，讓我覺得自己就像不小心滾進傢俱底下的硬幣，已經被遺忘在那裡。那期間，我只有一次跟外面的世界又有了接觸——一九一九年十月，在費了許多工夫才喜得護照之後，我想盡辦法湊足旅費前往巴塞隆納，在加泰隆尼亞合唱團的朋友面前，讓自己的管風琴樂聲再度被聽見。在這重新回到外面世界的經驗中，我了解到自己還有作為藝術家的價值。

回程在塔拉斯孔與里昂之間的火車上，「恩斯特．雷南號」巡洋艦上的水手與我同行了一段。當我問到名字繡在他們帽子上的那位先生是個怎樣的人時，他們回答說：「沒有人提到過任何關於他的事，不過可能是個已作古的將軍吧。」一

如果沒有蘇黎世及伯恩大學神學院的關愛與善意，我會以為自己在學術圈已被全然遺忘。

我在烏普薩拉的講座主題，選擇的是哲學與世界宗教中有關肯定世界與生命及倫理觀的問題。在著手擬定這個講座的計畫時，留在非洲的《文明的哲學》部分手稿一直都還是沒有取回，因此不得不重新撰寫。一開始我對此感到非常鬱悶不快，不過後來注意到像這樣再寫一次其實也有用處，於是也就接受命運釋懷了。

那份留在非洲的手稿，最後是在一九二〇年夏天，也就是在我的瑞典行程結束後，才終於又回到我手裡。

而已經占據我的心思長達五年之久的想法，也終於在烏普薩拉第一次得到了迴響。我在最後一堂講座介紹自己有關敬畏生命之倫理的根本理念時，內心是如此激動，幾乎說不出話來。

抵達瑞典時，我還是個疲憊、消沉且體弱多病的人——一九一九年夏天我不得不動了第二次刀。然而烏普薩拉清新的空氣以及接待我們夫婦的大主教公館親

切友善的氣氛，都讓我重拾健康，也再度成為樂在工作的人。

＊＊＊

然而大戰期間為維持醫院繼續運作而向巴黎傳教士協會及一些巴黎舊識借款一事，對我依舊是個沉重的壓力。一次在散步中大主教得知我的煩惱後便向我建議，或許可以試試在這裡舉辦管風琴演奏會以及演講來解決問題——當時瑞典因大戰中還算相當富裕——，之後還引薦我到不同的城市。一位名叫索德史特隆的神學院學生（幾年後他在擔任傳教士時不幸殉職），則自願伴隨著我拜訪各地；不管是在講台或布道台上，他都站在我身邊，把我說的關於叢林醫院的一切，一字一句都極其生動地翻譯出來，使人們沒多久就忘記自己是透過翻譯在聽演講。而我在蘭巴雷內布道時學到的技巧，也就是如何透過口譯者的嘴來說話，此時真是讓我受用無窮！

這些技巧的重點，在於講述時盡量以簡短且結構清楚的句子為主，事先與譯者仔細演練演講內容，並維持他所熟悉的文本。如此一來，譯者就根本不用先費力去理解揣摩句子的意思，而是可以把接到的球直接傳給聽眾。以這種方式來處理，即使是學術性演講都能透過翻譯來進行，而且要遠比主講人以自己不專精的語言來演說，不僅折磨自己也虐待聽眾更好。

我在瑞典彈奏的那些老管風琴，規格雖然不大但音色極為優美，也帶給我許多喜悅。對我彈奏巴哈的風格來說，完全再適合不過。

而短短幾個星期內透過演奏會與演講所累積的收入，竟然多到足以讓我立刻還清最急迫的債務。

我在瑞典得到如此多的善意，因此七月中要離開這裡時，已下定決心要重拾蘭巴雷內的工作。在這之前我根本不敢這麼想，而是更常讓自己想著再度回學校任教的可能性——根據出發到瑞典前所得到的某些暗示，我似乎可以對瑞士懷有這樣的希望。一九二〇年，蘇黎世神學院授予我榮譽博士的學位。

# 十七、非洲回憶錄

回到家以後，我立刻以《在水域與叢林之間》（*Zwischen Wasser und Urwald*）為標題，寫下自己對非洲的記憶。烏普薩拉的林布拉德出版社希望我寫這本書，不過因為他們對字數已有所限定，這件事做起來並不容易。例如我在完成它時不得不想辦法再刪掉數千字，但這個過程卻比寫下整本書還更費力。原本還有一整章關於叢林伐木工人與木筏的內容也會被拿掉，不過在我的請求下，出版社最後同意保留這章，接受這份字數超過預定的手稿。

被迫在寫作時得計算字數，變成了寫這本書的好處。因為從此之後，我總會要求自己以最精簡的方式來表達——在《文明的哲學》這本書上也是。

《在水域與叢林之間》由拉格菲特（Greta Lagerfelt）男爵夫人譯為瑞典文，於一九二一年出版。同年發行的還有德文版（最先在瑞士），以及由友人坎彼恩（C.T. Campion）翻譯、以《原始森林的邊緣》為名的英文版。在那之後，又陸續發行了荷文、法文、丹麥文與芬蘭文等版本。

為這本書增色不少的精彩照片，大多來自漢堡的克拉森（就是那位被俘虜時我提供許多藥物給他的先生）；他在一九一四年夏天到蘭巴雷內一帶採購原木時，拍了不少照片。

報導自己在赤道非洲叢林裡的活動，也讓我有機會說出自己對當地土著在殖民主義下遭遇到那些重大問題的看法。我們白人是否有權強迫那些原始或半開化民族——這裡只就我有經驗的來說——接受我們的統治？假若我們只想宰制他們，並從他們的土地上獲取物質利益，那答案為否；然而我們若是誠心想教化他們，並讓他們的生活得到福祉，答案則是肯定的。一旦這些民族不管為何確實有自主生活的可能性，外人就應該讓他們自己過活不得干涉。然而世界貿易來到了非洲，不管是我們或他們，都阻擋不了這個趨勢。與外界進行貿易讓他們變得不再自由，也讓他們的經濟與社會陷入不穩定狀態。在這個無可避免的趨勢中，部落酋長利用貿易所獲得的武器與金錢，以絕對手段奴役多數族人，迫使他們淪為奴隸，必須替少數幾個掌控資源輸出者的利益工作。有時候情況甚至根本就像過去奴隸買賣的時代，他們本身也變成了商品，可以用來換取金錢、鉛、火藥、菸草與烈酒。在世界貿易帶來的這種困境下，上述問題所關係到的，不是這些部落是否能真正獨立自主生活，而是哪一種情況對他們會比較有利：是任由部落掌權者的貪婪擺布？還是讓歐洲國家的官員來治理接管？

歐洲殖民國家在以我們的名義強占非洲所做過的許多不公不義、殘暴凶狠的行為，不僅與當地部落酋長毫無二致，也讓我們背負了莫大的罪責，這是必須正視的事實。而那些至今仍在不斷傷害當地土著的罪行，也不該再被沉默以對或加以粉飾。然而現在給予這些被殖民的原始或半開化民族獨立自主的權利，卻可能也只會讓他們再度淪為自己族人的奴役，並不能彌補我們在他們身上犯下的錯誤。所以唯一可行之道，是以非洲住民的福祉為前提來運用我們確實握有的統治權，並以此讓這個權力變成具有道義上的正當性。即使是當前的帝國主義，也能發揮些許帶有道德價值的效應。就像它曾經終結過奴隸買賣；曾經讓長久以來爭戰不歇的部落停止互相殘殺，許多地方也因此能夠維持和平；它也一再努力，希望打造一種能有效緩衝世界貿易對當地人帶來剝削的殖民環境。對那些在奧果韋區森林裡伐木的當地土著來說，我還真不敢想像，假若目前這個還能幫他們維護權益——不管是面對白人或黑人雇主——的當權者撤離了，他們得面對怎樣的命運。

所謂的自治對原始與半開化民族意謂著什麼，有個例子或許可供參考：在家蓄奴，更糟的是強押奴工將其裝船販賣至國外等現象，至今還存在於賴比瑞亞這個黑人共和國。雖然這些行為的合法性，已在一九三〇年十月一日被正式取消——在書面上。

＊　＊　＊

不幸的是，殖民利益與文明利益並非總是並行不悖，反而經常處於互相牴觸的狀態。對那些原始民族來說，假若他們與世界貿易仍有著最大程度上隔絕，最好的發展應該是在當權者明智的管理下，逐漸由游耕／游牧或半游耕／游牧的生活型態，轉變為定居農業及手工業。不過事到如今，這已經變成不可能的事，一來他們不想被剝奪透過世界貿易獲得財富的機會，再者其他地區也不會放棄這些原始民族所能提供的原物料產品及向他們出售工業製品的機會。正因為如此，想推展一種同時具有真正文明意涵的殖民主義，變得異常困難。一種真正的富裕，會是在於如果他們能透過自己的農、工業活動，來滿足生活上幾乎一切的所需。不過他們所做的，卻只是狹隘地想要供應海外市場需要且能賣到好價錢的物品，然後再以賺來的錢，購買進口的工業製成品與加工食品；這不僅造成本地產業無法發展，也經常損害在地農業的生存。幾乎所有為國際市場提供稻米、棉花、咖啡、可可、礦產、原木以及其他產品的原始或半開化民族，都處於這樣的困境中。

只要國際市場原木買賣熱絡起來，奧果韋地區就會籠罩在饑荒的陰影裡，因為當地土著為了砍更多的樹，經常會放棄農作。他們在沼地或森林裡工作，然後以得來的工資，換取進口的米與罐頭食物。

從文明的角度上推行殖民化，意謂著讓那些受害於這種經濟模式的原始與半開化民族，先滿足本土產業與以供應內需食品為主之農業的勞力需求，然後再進入出口導向產業的勞力市場。人口越稀疏的殖民地，就越難在區域發展與國際貿易這兩種利益上取得協調。一個殖民地在出口貿易上有所增長，並不總是代表著進步，它也可能正在走向毀滅。

殖民地的公路與鐵道建設，也經常是當地土著必須面對的難題。為結束費力費時的人力搬運，饑荒時能將糧食送進災區，也為了促進貿易發展，交通建設是必要的。然而，它卻同時也可能存在著妨礙區域發展的危險。就像假若它占用的勞力超過該地通常所能提供的上限，便是這種情況。而殖民地的交通建設幾乎總會帶來大量傷亡，即使盡量讓修路工人得到最好的食宿待遇（可惜並不總是如此），結果還是預料得到。原本應受惠於鐵、公路建設的區域，是有可能反而因修路而毀掉的。所以殖民地的開發得先經過深思熟慮，必要且可行的計畫得緩步推行，有時甚至中斷執行；根據經驗，這能避免許多不必要的人命犧牲。

為了殖民地的發展利益，有時候將偏遠村落強制安置在公路或鐵道旁可能是必要的。然而除非確實沒有其他選擇，否則不管是這類或其他侵犯土著人權的做法，都應該極力避免。許多強制執行的法規事實上根本不切實際，它們經常就只是某個想出風頭的官員空想出來的，這種情況一再發生，不知道在殖民地引來多少民怨。

強制勞動是否合理今天眾人多所議論，而我在這方面的立場是：不管在任何情況下，也不論時間長短，行政當局都不得強迫殖民地的百姓為私人企業工作，即使是以抵繳政府稅金或義務勞動為名義。只有以謀求公眾利益為目的，且必須在當局監督下，才能要求當地百姓進行勞務。

此外，也不該意圖透過不斷加稅來教化那些土著工作。他可能會為繳納稅金而不得不工作，然而透過強迫勞動，不管是像這種隱性的或其他公開的方式，其實都沒辦法讓一個消極懶散的人變積極勤快。不公不義的政策，沒辦法結出道德的果實。

目前世界各殖民地的賦稅，幾乎已是高到沒有人負擔得起的境地。因為管理方式輕率，殖民地政府債台高築，即使不斷加稅籌措資金也支付不了利息。

殖民地百姓的教化問題，乃與經濟及社會問題密切相關，而且其複雜度不亞於這兩者。農業與手工業是文明的基礎，也只有存在著這個基礎的社會，才具備形成商人與知識分子階層的先決條件。可是人們在殖民地對待當地土著的方式（連他們自己都這麼要求！），卻好像農業與手工技藝並非文明的起源，學會讀書寫字才是。當地人在那些直接依照歐洲模式創辦的學校裡，被教化成「讀書人」，然後看不起勞動的工作，只想從商或在辦公室裡工作。只要找不到在貿易行辦事處或在行政單位辦公室這類他們喜歡的工作，他們寧可整天遊手好閒或空談大話。所有殖民地——不僅是那些原始或半開化民族分布的區域——共同的不幸，就是絕大部分完成學校教育的人，之後都會放棄從事農業或手工業，無法在這方面有任何貢獻。然而這種追求社會階級晉升的現象，卻製造出病態的經濟與社會環境。因此適當的殖民政策，應該是教化當地百姓走向農業及手工業，而不是疏離它們。殖民地的學校在傳授知識的同時，也必須教導各種手工技藝。對他們的文明而言，學習如何燒磚、砌牆、鋸木，以及如何使用榔頭、刨刀及鑿子，比起精於閱讀寫字或會演算 a+b 及 x+y 還來得重要。

* * *

不過殖民政策的當務之急，就是必須防止這些原始與半開化民族走向滅絕。而他們的生存之所以飽受威脅，要歸咎於大量進口的酒精，白人傳入的疾病，還有原本就有但在殖民化後才隨著交通建設廣泛傳播的疾病——例如嗜眠症，如今就危害著數百萬人的生命。

輸入酒精對這些人所造成的禍害，是沒辦法透過禁止白蘭地或蘭姆這類烈酒、但卻繼續開放葡萄酒和啤酒這種做法解決的。比起在歐洲，葡萄酒和啤酒在殖民地的危險性要高得多，原因是為了使它們在熱帶及副熱帶地區更容易保存，人們通常會添加純酒精進去。此外，也因為不能消費烈酒，這類添加了酒精的葡萄酒和啤酒的消費量於是劇烈增加。因此想要阻止這些土著因酒精走向毀滅，唯一的對策就是禁止進口任何含有酒精成分的飲料。

幾乎在所有的殖民地，對抗疾病的行動都起步得太晚，一開始所投入的心力也都遠遠不夠。假若今天它能看到一點成功的希望，則都是拜最新醫學知識與技術之賜。

提供殖民地百姓醫療協助的必要性，經常都是基於一個理由：維護當地的人力資源，因為沒有他們，殖民地就會失去價值。然而事實上這不僅僅事關經濟，它所牽涉到的問題要遠比這更多。科學進步，為人類在對抗疾病、痛苦與死亡上帶來更多醫療方法，而我們這些文明人居然想藏私而不願分享，實在是令人無法置信。假若我們還具有一點道德感，除了希望他人也能受惠於這些醫療資源之外，根本不可能有其他想法，更何況那些遠方的人在這方面比我們還更處境艱難。由殖民政府所指派的醫生，總是只能滿足一小部分該做的工作，因此除了他們之外，一個講究人道的社會，必須委託更多醫生前往殖民地。凡是因為親身經歷過而懂得痛苦與恐懼的人，都必須伸出援手，讓外面那些身體正遭受痛苦的人，也能像自己過去一樣獲得協助——此時他不再完全屬於自己，而是所有受苦難者的兄弟。所有在殖民地的人道醫療工作，就是本著這種對他人痛苦同理的手足情操而義不容辭。身負這種使命的醫療人員，在面對遠方那些受苦難者時該做的事，就是完成那些以真正文明之名必須完成的事。

我之所以能鼓起勇氣在蘭巴雷內創立醫院，就是因為對「同理他人痛苦的手足情操」所蘊含的本質真理具有信心。真理為人所領悟，然後發揚光大。

最後值得注意的一點，是我們對殖民地人民所展現的一切好意，都不能算是善舉，而更是贖罪——為白種人從找到通往他們海岸的航道那天開始，就為他們帶來的痛苦而贖罪。殖民地所面臨的問題，基於其背後複雜的成因，是無法以政治手段解決的。我們必須有的新思維，是讓白種人與有色人種在倫理精神中真正進行交流。唯有透過這種方式，才有相互理解的可能。

致力於這種倫理精神的形成，就是從事充滿未來的國際政治。

# 十八、在根斯巴赫及旅途中

一九二一年聖枝主日[23]前的那個星期天，巴塞隆納的加泰隆尼亞合唱團首次演出巴哈的《馬太受難曲》，這也是該作品在西班牙的首演，而我很榮幸能為他們擔任管風琴伴奏。

那一年的四月，我辭去在史特拉斯堡的兩項職務，打算日後的生計就靠搖筆桿與演奏管風琴來維持。為了能安靜地繼續寫《文明的哲學》，我與妻子及孩子——我們出生於一九一九年一月十四日（也正是我生日那天）的女兒——，搬回根斯巴赫與父親同住在他舒適的牧師公館裡。不過我還是在史特拉斯堡保留了一個落腳處，每當到圖書館查閱資料得停留較長的時間，就留宿在迪茲——黑特牧師太太位於克諾布洛赫巷子裡那棟老房子的閣樓上。

我經常得出發到外地，寫作工作自然也常被打斷。來自不同大學的邀約，都希望我能針對文明的哲學或原始基督教的問題為他們開設講座。此外，我也透過以蘭巴雷內醫院為主題的演講，為日後繼續在非洲行醫的工作籌措資金。至於管風琴演奏會的收入，則是為確保未來再度回到非洲後的那幾年，我個人及家人至少能生活無虞。

23 譯註：Palmsonntag，復活節的前一個週日，聖週的開始。據福音記載，耶穌在這天騎驢入耶路撒冷，受到民眾持棕櫚樹枝歡迎，得到君王般的禮遇。

一九二一年的秋天，我人在瑞士，然後十一月時從那裡出發到瑞典。隔年一月底則從瑞典前往英國牛津，因為受戴爾基金會之委託在曼斯菲爾德學院進行講座。在那之後，我又分別在伯明罕的賽利．歐克學院（關於基督教與世界宗教）、劍橋（關於末世論的意義）以及倫敦的宗教學術協會（關於保羅教義的問題）進行演講。在此期間，我在英國也舉辦了一連串的管風琴演奏會。

一九二二年三月中，為了接下來在瑞典的幾場音樂會與演講，我離開了英國又前往北歐。之後幾乎沒時間回家，又趕到瑞士進行了幾星期的演講與音樂會。直到接下來的那個夏天，我才又能專注於《文明的哲學》的寫作工作上。

同年秋天我又再度前往瑞士，之後則受哥本哈根神學院之邀，在那裡進行有關倫理學的講座，緊接著還在丹麥幾個城鎮舉辦管風琴演奏會及演講。

一九二三年一月，我則在奧斯卡．克勞斯（Oskar Kraus）教授的邀請下，前往布拉格演講《文明的哲學》。因此機緣，也與這位布倫塔諾的忠實弟子發展出真摯的友誼。

我在這幾年裡所經歷的一切，是多麼美好！想到自己出發到非洲前，其實已做好要犧牲下面這三件事的準備：放棄管風琴音樂藝術，放棄衷心喜歡的學術教學活動，失去自己的經濟獨立性，只能依賴朋友的幫助而活。

我在這三方面確實曾經有所犧牲，只有知心的朋友知道這對我有多麼困難。

然而我的經歷就彷彿亞伯拉罕一般——本來已準備好要犧牲自己兒子，可是卻被赦免了。因為巴黎巴哈學會贈予的那部為熱帶特製且帶有風琴式踏瓣的鋼琴，以及克服了熱帶氣候的健康身體，我才有辦法保持自己的管風琴琴藝。我在四年半孤獨的熱帶叢林生活裡，與巴哈共度了無數寂靜的時光，也更深刻體會了他作品的精神。回到歐洲時，我的琴藝沒有退化成業餘音樂家，反而更加圓熟精湛，才能以藝術家的身分，體驗到比以前更受重視的感受。

而放棄在史特拉斯堡大學授課的遺憾，則從許多在大學演講廳裡進行的講座得到了補償。

於是曾經暫時失去的經濟獨立性，現在又可以透過演奏管風琴及寫作重新獲得。

已經獻上的三種犧牲全部得到了赦免，如此令人振奮的經歷，使我有足夠的力量在遇到困難時沒有被擊倒——我在戰後那段時期充滿命運轉折的遭遇，就像無數其他人一樣——，坦然面對所有勞苦與捨棄，逆來順受。

* * *

一九二三年春天，我完成了《文明的哲學》的頭兩卷，並趕在同年出版。第一卷名為《文明的衰敗與重建》，第二卷則是《文明與倫理》。

在《文明的衰敗與重建》中，我陳述的是文明與世界觀之間的關係。[24]近代文明的衰敗，應歸咎於十九世紀的哲學思想。它不了解該如何維繫啟蒙時代的那種文明精神特質；它原本的任務，應該是承續十八世紀尚未完成的工作，繼續對倫理學及世界觀進行本質性的思考。然而在整個十九世紀的過程中，它卻越來越迷失在一些非本質的議題裡，放棄探索人天生就具有尋求世界觀的本性，變成一門研究哲學歷史的學問。它從歷史與自然科學中，為自己拼湊出一種世界觀，然而這個世界觀根本缺乏作用，無法維繫時代的文明精神特質。

就在這個文明世界觀失去力量的同時，人類社會的物質發展也威脅著文明。機械時代的來臨，破壞了人對本身存在狀況的認知，也使維繫文明變成更加困難。因為缺乏一種文明世界觀作為思想支撐，人便在毫無抗拒的情況下，讓自己受有礙文明發展的環境影響。由於生活過度忙碌，再也沒辦法真正專注，現代人逐漸淪為具有精神依賴性，講究任何形式的表面功夫，錯估歷史事件與現實生活

---

24 《文明的衰敗與重建》，共六五頁，一九二三年（C.H.Beck 出版，慕尼黑；Paul Haupt 出版，伯恩）。同時發行的尚有英文、瑞典文、丹麥文及荷蘭文版。

並因此萌生出一種國家主義及可怕的非人道思想。

因此我們必須以新的思維，再度找到一種懷抱真正文明理想的世界觀。只要能重新開始對倫理觀以及我們與世界的精神關係多加反思，就已經跨出由非文明重返文明的第一步。

我對文明下了一個非常普遍的定義：所有生活領域裡的精神與物質進步，並伴隨著個體與人類的倫理道德發展。

第二卷《文明與倫理》所披露的，則是歐洲哲學思想為獲致肯定世界與生命的世界觀做過的悲劇性嘗試。[25]其實我原本也想描繪這場有關文明世界觀的思想奮戰如何在世界各宗教裡上演，不過如此一來，這本書的內容又會變得太多。於是最後我不得不放棄這個想法，在這方面只點到為止地略微提示。

我也刻意避開使用哲學專業術語。我所訴求的對象是懂得思考的人，希望能喚醒他們，再次對每個人心中都會浮現的有關存在的問題，進行本質性地思考。

人類徒勞無功地絞盡腦汁，想達成一種倫理觀及具有深度的肯定世界與生命觀，這其中到底發生了什麼事？

25 《文明與倫理》，共二八〇頁，一九二三年（C.H.Beck 出版，慕尼黑；Paul Haupt 出版，伯恩）。另有英文版（一九二三年）及荷蘭文版（一九三一年）。

歐洲古代的思想曾極力想證明倫理的行為合乎理性，且認為肯定世界與生命的信念是明智合理的。然而在當時現實無情的必然發展中，後來卻屈從於一種聽天由命的理念。那些拒絕參與世事的智者普遍以聽天由命為典範，已充分說明了這點。

只有晚期斯多噶主義才在這方面有所突破，如奧里略（Marc Aurel）、愛比克泰德及其他代表人物，便提出一種滿懷信心的倫理世界觀，把為世界創造更好的精神與物質環境，視為個人義務。晚期斯多噶學派所信奉的這個世界觀，在某種程度上是啟蒙時代相信理性勝過一切之前身。不過它一開始其實沒辦法得到認同，因此也無法發揮改革的力量。可以確定的是，幾個羅馬皇帝後來成為斯多噶主義的忠實信徒，並試圖以自己的影響力，遏止古代世界文明已呈全面衰頹的局面。可惜統治者的世界觀，對廣大群眾的影響還是很有限。

至於晚期斯多噶學派與十八世紀的理性主義，究竟是如何形成這種符合倫理的肯定世界與生命觀呢？它們看待世界的方式並不是直接接受它的狀態，而是把世事的發生理解為一種理性的倫理意志之展現。肯定世界與生命的倫理意志，會根據自己的理解與感受，來詮釋某件世事的影響力。一個人的人生觀雖然存在於世界觀之中心，但這並不是說它就能清楚說明人的行為舉動，正好相反，人生觀本身其實是人認知世界之本質的一種結果。

不管是哪裡，只要在哲學思想上也達成這種合乎倫理的對世界與人生的肯定論，就會經歷與歐洲這裡同樣的過程。它們通常也採取從一種對世事的詮釋出發，透過把所有事件的發生都看成有其道理，尋求以某種方式把它理解為具有最終的倫理目的。接下來再鼓勵人透過倫理行動，投身為這種世界共同目標服務。

孔子與查拉圖斯特拉提出合乎倫理的對世界與生命之肯定論，也是因為他們對世界有著與此相應的詮釋方式。

然而康德、費希特、黑格爾以及其他思辯哲學的偉大思想家，卻不再以十八世紀理性主義那種簡單質樸的方式繼續看待世界。他們操作更複雜的思辨方式來檢視世界，之後並從中歸納出：只要能正確解決認識論的問題，或對不同時空世事中純粹存在之發展進行邏輯性理解，應該就可以獲得合乎倫理的肯定世界與生命之世界觀。

在這個龐大體系裡那些虛矯的思想中，十九世紀初的知識分子自認證實了肯定世界與生命之世界觀的邏輯必然性。不過他們並沒有高興太久，這種空中樓閣式的思考邏輯，在十九世紀中葉講究實用客觀與自然科學之思考方法的壓力下，很快就崩壞了。接下來的哲學思想進入了大覺醒時期，放棄以手段及蠻力迫使世界變得可以理解；它決定在某種程度上安於探究現實本身，並在肯定世界與生命的世界觀中，推斷現實中某種行為的動機。然而它卻不得不接受，現實根本無法提供它所期待的東西——因為現實世界拒絕被賦予人的倫理行動有其道理那樣的意義。

哲學思想雖然並沒有全面承認這個否定的結果，不過事實已顯示，他們那個倫理性肯定世界與生命的世界觀，以及其中既有的文明理想，都不再具有任何力量。

哲學思想希望透過某種詮釋世界的方法，來達成肯定世界與生命的倫理性世界觀，然而所有的嘗試，皆是枉然。

敬畏生命的世界觀，是形成於接受「這個世界就是如此」的信念中。這個世界在美好中帶著恐怖，在意義深遠中帶著無用愚昧，在歡欣喜悅中帶著痛苦折磨。不管採用什麼觀點來詮釋，它對我們都依舊是個謎團。

然而假若必須放棄凡事皆有其意義這樣的想法，也並不代表我們就得束手無策地面對人生難題。敬畏生命的理念，為我們與世界之間帶來一種精神關係，這種關係不受一個人如何認知世界的影響。它引導我們通過「聽天由命」的黑暗山谷，出於內心之需求，登上對世界與生命具倫理性肯定的光明高地。

我們不再仰賴從如何認知世界來得到自己的人生觀。在敬畏生命的理念中，我們就已經擁有一種它本身所根植的人生觀，而在那當中倫理世界觀也會直接得到確認。不管何時，只要我們開始思索自己本身以及我們周遭的生命，這個理念便會在我們心中更新一次。

我們並不是透過知識、而是透過體驗，來跟這個世界產生關係。所有往深處探究的思維，最終都會結束於倫理的玄想。然而理性的思維，會延續到非理性之中。因此敬畏生命的倫理玄想，是一種思維周全的理性主義。

我在校對《文明與倫理》印刷稿的同時，也開始為再次前往非洲的行囊打包裝箱。

這本書德文版的印刷工作曾在一九二三年秋天中斷過一陣子，因為出版社位在諾德林根（巴伐利亞）的印刷廠被政府徵用，以協助印刷嚴重通貨膨脹下急需的大量紙鈔。

能夠重拾在叢林的工作，我得感謝阿爾薩斯、瑞士、瑞典、丹麥以及英國各處的新教教區，他們在聽過我演講之後提供了許多贊助；除此之外，對分散在歐洲各國那些親愛的朋友的協助，我也同樣感激不盡。

出發到非洲前，我還把在伯明罕塞利歐克學院進行的那幾場演說內容（有關基督教與世界宗教），整理至完稿可送印的狀態。[26]在那幾場演講中，我試圖從哲學觀點確認世界各宗教之本質，透過哪些宗教的信念本身就具有肯定／否定世界與生命的理念以及倫理觀。可惜我得強迫自己對這個有關世界宗教的研究做出非常簡要的總結，因為它將以演講內容的形式發表。

至於我之所以在打包行李的同時，還是想辦法抽空寫下了自己的童年與青少年回憶，完全是某次跟一個朋友碰了面的結果。一九二三年初夏，我從瑞士西部前往東部的旅途中，在蘇黎世停留了兩個小時，並拜訪了朋友費斯特博士，著名的蘇黎世心理分析家。在他那裡我有機會稍做休息，喝杯茶水並讓疲累的身體舒展一下。而他也利用這個機會，要我對他敘述出當下浮現在腦海中的童年往事，以做為一本青少年雜誌的報導素材。不久之後，他便把那兩小時裡所速記下來的內容整理好寄來，而我請求他先不要公開這份紀錄，我會再做些補充使它更完整。於是就在我即將啟程前往非洲前的一個星期天下午，窗外雨雪交加，我寫下了那些憶起青少年時讓我觸動不已的感想，做為這篇口述文章的結語。[27]

26 《基督教與世界宗教》共五九頁，一九二四年（C.H.Beck 出版，慕尼黑；Paul Haupt 出版，伯恩）；英文版一九二三年（Allen & Unwin. 出版社，倫敦），之後尚有丹麥文版、瑞典語版、荷蘭文版與日文版。

27 《童年與青年時期回憶》，共六四頁，一九二四年（C.H.Beck 出版，慕尼黑；Paul Haupt 出版，伯恩）；英文版一九二四年（Allen & Unwin 出版，倫敦），之後尚有丹麥文版、瑞典語版、荷蘭文版與法文版。

# 十九、重返非洲：

一九二四～一九二七年

一九二四年二月十四日這天，我離開了史特拉斯堡。妻子因為健康問題，這次無法與我同行。對於她在這種情況下仍然願意自我犧牲，同意我再度重拾在蘭巴雷內的志業，我心中懷有無盡的感謝。陪我同行的吉勒思比，是個還在牛津大學修習化學的年輕學子，他的母親把他託付給我幾個月，希望兒子能當做我的助手。

在波爾多登船時，負責檢查行李的海關人員對我起了疑心。因為我隨身帶了四大馬鈴薯袋的未處理信件，打算在漫長的航程中一一回覆。他一來從未遇過帶這麼多信件的旅客，二來當時帶現金離開法國是嚴格禁止的事——每位旅客只准帶五千法郎出國——，因此自然懷疑我在信件裡藏了現金。於是他花了一個半小時的時間來檢查信件，直到檢查完第二袋時才終於搖頭放棄。

搭乘這艘荷蘭貨輪「歐瑞斯提斯號」，讓我有機會更近距離地認識西非海岸許多地方。在一段漫長的海上旅程之後，我終於在四月十九日那天——正是復活節前的星期六——日出之時，再度踏上蘭巴雷內的土地。

原本醫院所在的地方，只剩下一間小鐵皮屋以及一棟大竹屋殘餘的硬木骨架。在我離開七年的漫長時間裡，所有其它的建築物全都朽壞崩塌了。那條從醫院到山丘上醫生小屋的蜿蜒步道，覆滿藤蔓與雜草，幾乎找不到原有的路。現在的當務之急，就是先修繕醫生住所腐朽破漏的屋頂以及醫院那兩間至少還站著的建築，之後再把倒塌的那部分重建起來。而這件差事，不僅費了我好幾個月的工夫，也讓我疲憊不堪，本來打算每天晚上用來修訂《使徒保羅的神祕主義》這份手稿的計畫，根本無力執行。這份手稿寫於一九一一年，我已經是第二次把它帶到非洲來。

那段時間我的日子是這樣過的：上午是醫生，下午則是建築工頭。而且不幸的是找不到工人，跟第一次來時的情況一樣。戰後再度繁榮起來的木材買賣，又幾乎吸引了全部的人力。

於是我不得不借助一些「義工」，也就是那些在醫院裡陪伴生病親友的人，或正在康復中的病患；不過他們對這些工作缺乏熱誠，即使不認為自己該來的時候翹班是個好主意。

這次剛回到非洲不久，便有一位已經有點非洲化的老木材商人，在旅途中順道來我這裡共進午餐。餐畢離開餐桌時，他似乎認為該對我美言幾句，於是說：「醫生啊，我知道您『風琴』彈得很好。其實我也喜愛音樂，如果不是因為得立即上路，趕在風暴颳來前回家，我還真想請您幫我彈一首『歌德』的賦格！」

因為病患的數量一直增加，我在一九二四年與二五年時，讓來自歐洲的兩名醫生與護士加入我們的團隊。

一九二五年秋天，醫院終於算是重建完成了。對於可以利用晚上的時間來進行有關保羅的工作，我已滿心期待著。不過就在此時，一場嚴重的饑荒卻開始了；由於整個地區都在忙著伐木，耽誤了糧食的栽培。更糟糕的是，可怕的痢疾也同時流行了起來。而這兩個事件，讓同事和我有好幾個月的時間都忙得不可開交。醫院病人幾乎快斷糧時，我們不知道有多少次得開著那兩艘汽艇「感激號」和「拉魯普號」（皆是友人的捐贈，前者來自瑞典，後者來自日德蘭），四處探問蒐購米糧。

痢疾的流行，讓我明白醫院必須搬到一個較大空間的必要性。在傳教團駐地這裡要擴建是不可能的，因為我可以使用的這塊地，四周環繞著河流、沼澤以及陡峭的山丘。這上面所蓋出的建物，充其量只能容納五十個病人及其家屬，這在過去或許還夠用，然而對我們現在每晚幾乎都得提供一百五十人留宿來說，卻遠遠不夠。

其實這次重建醫院時我已經意識到這個問題，然而當時我暗暗希望，病患人數這麼多只是一種暫時的現象。而現在因痢疾疫情所曝露出來的問題還不僅如此，因為如果沒有提供給染病者隔離病房，等於是讓整個醫院都陷入風險中。我們就是因為沒辦法以必要的方式，將痢疾患者與其他並病人隔開，導致後來疫情蔓延了整個醫院。那是非常可怕的一段時間！

另一個很大的問題，是我們缺乏安置精神病患的空間。醫院經常沒辦法收容具危險性的精神病患，因為我們僅有的兩間小房間都已經有人。

於是我在幾經躊躇後只能心情沉重地做出決定，把醫院往上游遷到一個離這裡約三公里、可以不受限制隨意擴建的地方。因為信任那些贊助我的朋友，所以即使成本很高，我還是大膽地在遷建時，以鐵皮屋取代原先那種不時得整修、以樹葉當屋頂的竹屋。而且為了防範河水氾濫以及暴雨後山坡上有山洪洩流，我變成了現代原始人，把醫院修建為以木樁為地基的高架鐵皮屋村落。

現在醫院的工作，我幾乎全都交給同事內斯曼醫生（阿爾薩斯人）、勞特布格醫生（瑞士人）以及特倫茲醫生（也是阿爾薩斯人，內斯曼醫生的接任者）來處理。至於我自己，則充當了一年半時間左右的監工，在我們選定蓋醫院的地方監督人伐木整地並施工。這項任務我得親自來，因為那些招募自醫院病患親友以及康復中的病人、因此成員一直有所變動的「義工」隊，只信服我這個「老醫生」的權威。接獲布拉格德國大學哲學系授予我榮譽博士學位的消息那天，我正在監督一隊工人砍樹。

一等建地清理完畢，我便立刻著手把部分周邊土地開墾成農田。能夠從原始森林裡獲取耕地，是多麼叫人高興的事！

開墾農地的工作，從此年復一年地進行著，醫院的四周也逐漸形成一片伊甸園景象。好幾百棵我們先播種育苗的果樹樹苗已經種下，這裡有一天應該要結出數不清的果實，讓每個人都可以盡情摘採，因此也不需要再偷竊。在木瓜、芒果及油棕的產量上，我們確實已達到這個標準。之前大量栽種的木瓜樹，如今果實產量已超過醫院之所需而有餘；至於芒果樹與油棕在醫院周遭的森林裡本來就隨處可見，在其他樹木砍掉之後，更繁茂地長成一整片小樹林。它們身上原本攀滿緊勒著它的藤蔓，四周也都是遮蔽它陽光的大樹，一旦除去這些影響它們生長的障礙，便立刻開始開花結果。

不過這些果樹，當然並不是這裡原始森林的原有物種。芒果樹是從以前河邊的村落裡慢慢長進了森林；油棕則是鸚鵡從附近村子裡帶來的果實掉在森林裡長成的。赤道非洲的叢林裡，本身並沒有能結出可食用果實的樹種。走進這裡，徒步旅行者一旦食物告罄，就會成為饑餓的祭品。我們現在所熟知的香蕉、木薯、油棕、芒果以及許多其他具食用價值的植物，都不是原產於赤道非洲，而是透過歐洲人從西印度群島引進來的。

可惜高溫多濕的環境，使這裡的水果很難保存，幾乎常常剛摘下就開始腐爛。

至於提供給醫院病患食用所需的大量香蕉，即使有伊甸園，還是一直得仰賴附近村落生產的供應。因為那些我得花錢雇人栽種照顧的香蕉，還比在河邊有香蕉園的土著賣給我的要貴得多。不過這裡的原住民很少擁有果樹，因為他們並非定居一地，而是不斷地遷移。

正因為香蕉也無法保存，所以我始終得維持相當的稻米儲量，以防萬一附近的蕉園收成不佳。

此次再回到非洲沒有立刻著手蓋新醫院，而是先把舊的重建起來，其實也不見得是壞事。因為在那過程中所累積的經驗，現在完全發揮了作用。再者，要是沒有莫連札利這位黑人木匠，我應該也沒辦法執行這項工程，他是唯一自始至終都堅守在工作崗位上的人。直到最後幾個月，才又有一位來自瑞士的年輕木匠來幫忙。

於是就這樣，我打算第二次來非洲會停留兩年然後再回歐洲的計畫，又無法實現了。這次我停留了三年半的時間。整天頂著大太陽東奔西跑，讓我每天晚上精疲力盡、腦袋遲鈍，根本沒辦法提筆寫任何東西。僅剩的一點精力，只夠我用在那部附有管風琴踏瓣的鋼琴上做規律的練習。所以《使徒保羅的神祕主義》只能繼續停留在未完成狀態；不過至少在藝術上，我這幾年裡還有所進展。

有關第二次的非洲行動，我都報導在《蘭巴雷內通訊》中。[28]那裡面包含了我提供給醫院之友的報告，是一些我利用工作空檔疾筆寫下的紀錄。

我不在歐洲的那段期間，多虧有史特拉斯堡的馬汀夫人、巴塞爾的神學博士包爾牧師以及奧伯豪斯伯卑爾根（位在史特拉斯堡附近）的姐夫沃伊特牧師，幫我處理有關醫院的事務。假若沒有他們與其他志願者的犧牲奉獻跟協助，這整個事業就不可能擴展至如今的規模。

* * *

一九二七年一月二十一日，新醫院的部分建築完工，而病人也開始從舊醫院搬到新的病房。那天傍晚在河上的最後一趟航程，我帶著那些精神病患一起出發。看護人員不厭其煩地反覆向他們描繪，在新醫院他們將住在有木造地板的房間裡。因為在舊醫院時，他們的房間地面只有潮濕的泥巴。

---

28 《蘭巴雷內通訊》第一期與第二期（一九二四春季～一九二五秋季），頁一六四；第三期（一九二五秋季～一九二七夏季），頁七四，C.H.Beck 出版，慕尼黑。亦有瑞典語版、荷蘭文版與英文版。英文版（一九三一）標題為《More from the Primeval Forest》。

這天晚上我在醫院四處巡視時，幾乎每經過一隻火把及每一頂蚊帳旁，都可以聽到這樣的讚嘆：「這真是好房子，醫生！是好房子啊！」打從我在非洲行醫以來，這是第一次，我的病人能夠被安置在合乎人之尊嚴的地方。

一九二七年四月，我也終於能把監督工人清理醫院周遭林地的任務，移交給新來乍到的盧瑟夫人，她非常具有管理才能，總能讓工人乖乖聽話。在她的領導下，我們也開始經營自己的農場。在那之後我從經驗中就普遍發覺，比起對白種男人，當地土著更容易信服白種女人的權威。

大約是那年盛夏時，我們又完成了更多的病房建築。現在這座醫院，必要時可收容超過兩百個病人與其家屬。而過去幾個月裡，這個數字通常維持在一百四十～一百六十人之間。此外，我們也妥善安排了痢疾患者的隔離；而安置精神病患那棟建築的工程經費，則是由倫敦基爾德豪斯教區為紀念他們的已故教友帕莫洛伊——克雷格先生所捐贈。

現在只要再完成最必要的內部裝置，我就可以把醫院放心交給同仁，開始考慮回歐洲的事。我後來在七月二十一日離開蘭巴雷內，與我同行回歐洲的，還有自一九二四年夏天就在醫院服務的護士柯特曼小姐，以及勞特布格醫生的妹妹。豪斯科內特小姐則繼續留在蘭巴雷內，而且很快就會有其他護士加入來協助她。

# 二十、在歐洲的兩年與三度赴非

回到歐洲的那兩年裡，我絕大部分的時間都在演奏會與演講的巡迴旅途中。一九二七年的秋、冬兩季，我幾乎都是在瑞典與丹麥度過的。隔年的春天與初夏是在荷蘭與英國，秋冬則是在瑞士、德國與捷克斯洛伐克。一九二九年，我在德國進行了多次的巡迴演奏會。不在旅途中時，則與妻子、女兒住在黑森林區的科尼斯菲德山區療養地或史特拉斯堡。

那段期間，有好幾次為了得立即找到並派出新的醫護人員前往蘭巴雷內作為替補，生活憑添了不少工作與忙亂。醫院人事之所以突然有所變動，無非是因為不能忍受那裡的氣候或基於某些家庭因素，有人必須提早離開返國。這期間我所招募到的新人有：慕德勒、黑迪格、史塔德以及戌納柏醫生，四位全都來自瑞士。一位同是瑞士籍的多爾肯醫生的驟逝讓我們哀慟不已，他在一九二九年十月從象牙海岸大巴薩姆港前往蘭巴雷巴的航程中突然過世，死因很可能是心臟病。

所有我在歐洲這段期間空閒的時間，幾乎都用來完成《使徒保羅的神祕主義》這本書。我不想把這份手稿第三度帶去非洲，於是立刻再度全心全意投入那些材料當中。慢慢地，一章接一章完成了。[29]

---

29 《使徒保羅的神秘主義》，共四五〇頁，一九三〇年，J.C.B.Mohr（Siebeck）出版，杜賓根。就在完成本書的英文譯本幾天後，蒙哥馬利（W.Montgomery）突然過逝了。

保羅有關「在基督裡」的神祕主義，可以從他對彌賽亞國度與世界末日將臨的理念中得到解釋。如同其他原始基督教時期的信徒，保羅在猶太教末世觀念的影響下，認為相信耶穌就是未來彌賽亞的人，將會以超自然的存在形式，與祂一同生活在彌賽亞的國度裡；而那些不相信耶穌的人，以及開天闢地以來至今的世代故人，都還得先在墳裡安息。根據晚期猶太教的觀念，彌賽亞的國度雖是超自然但也是暫時的；只有在它終結時，那種普遍性的復活才會在末日審判中發生。也只有如此永恆才會降臨，上帝才會成為「無所不在的一切」，也就是說，一切都回歸於上帝。

那些相信耶穌就是彌賽亞的人，會透過參與彌賽亞的國度而比所有其他人都更早進入復活的狀態，這點在保羅的解釋中，是因為他們以一種肉身的特別形式與基督同在。他們對耶穌的信仰，只是代表他們被上帝揀選而出，以作為彌賽亞的伴侶。藉由這種與耶穌神祕且自然的結合，從耶穌死去與復活的那一刻開始，那些作用在耶穌身上的死亡與復活之力量，也同樣作用在他們身上。於是這些耶穌的信徒，不再像其他平凡人一樣，他們會經歷一種轉化，從自然成為超自然狀態的存在；凡人外在的樣貌只是他們披在身上的皮囊，一旦彌賽亞的國度降臨，便可立刻將其丟棄。以某種玄妙神祕的方式，他們與基督共同、也「在基督裡」

經歷了死亡與復活，且很快也會以復活後的存在狀態與基督共生共存。

＊＊＊

保羅「在基督裡」以及「與基督同死同復活」的神祕主義，因此存在著一種對末世極度迫切的期盼。他認為那個從自然轉化為超自然的過程已經隨著耶穌的死亡與復活展開，於是也相信天國很快就要降臨。所以保羅的神祕主義，事實上是一種認定重大宇宙事件即將發生的結果。

保羅從理解與基督結合同在的重要性中，得出一種有待實踐的道德倫理觀。現在這些耶穌的信徒，與猶太教規律法不再有任何關係，因為它只適用自然狀態下的一般人，也就是說，人們不得將它強加在信奉基督教的異教徒身上。至於什麼事才符合道德倫理，凡是與基督合為一體者，都能直接從自己所分得的基督精神中得知。

相較於其他信徒普遍將忘我狂喜的言談與心醉神迷的狀態，視為擁有聖靈的最好證明，保羅尋求的是把教義的精神性基礎轉向道德倫理性。根據他的說法，信徒擁有的靈魂就是耶穌的靈魂，那是他們透過與耶穌同在的神祕性結合而得到的。耶穌精神是神聖美好的生命力量，它為信徒做好「存在於復活狀態」的準備，一如使耶穌復活那樣。而它同時也是權力，能迫使信徒透過不同於現世的存在，證明自己不再屬於這個世界。這種精神的最高展現就是愛；愛是人當下就能擁有的永恆，本來就是如此。

於是在保羅與耶穌結合的末世論神祕主義中，所有形而上的內容都具有某種倫理意義。他在「如今常存的有信、有望、有愛這三樣；然而其中最大的是愛」這句話中，確認了倫理在宗教中永遠的崇高地位。他也以完全奉獻的行動，來證實這種與基督同在的倫理觀點。

保羅根據他「與基督神祕結合」的教義，來詮釋耶穌把酒與麵包比作自己身體血肉所說的話，並因此讓聖餐禮產生這樣的意義：參加儀式者透過這種吃與喝的過程，達成與耶穌同在。受洗原本代表因基督而得救之開始，對保羅而言則是「與基督同死同復活」的開端。

幾世紀以來一直被視為是保羅主要宗教信條的「因信稱義」教義，事實上是一種有關耶穌贖罪受死的原始基督教教義，其觀念就是來自「與基督結合」的神祕主義中。為了更能應付那些反對他的猶太基督徒，保羅表述相信耶穌殉道具救贖意義的方式，是使它同時具有一種因「與基督結合」之神祕主義而本身不適用於猶太教律法的確定性。於是在面對那些猶太基督徒時，保羅不僅做到在他的神祕主義中要求以合乎倫理的行為做為「與基督結合」之證明，也同時不認可他們的行為——他指的是合乎猶太教規的行為！——在信仰之外具有任何意義。

保羅在與猶太基督徒論戰中創立的「因信稱義」教義，後來得到極大的重視——因為不管任何時候，反對基督教因講究行為正當性而表面化的人，都可以引用它為證並藉保羅的權威獲得勝利。然而另一方面，保羅試圖主張舊約聖經已蘊含此教義的詭辯邏輯，卻也給了世人一個錯誤評價他的機會。他被指責以複雜的教條來取代耶穌簡明的福音。然而保羅在論述時，儘管仍處處帶有猶太經師作風，事實上卻是一個強大的且注重本質的思想家。他不根據表面字義而是根據精神，來延續耶穌簡單的福音。藉由把對耶穌與天國的末世信仰轉化成與耶穌基督結合的神祕主義，保羅創造出了一種教義文本，使他能經受得起對末世之期盼的失效，並且不管在何種世界觀中，都能以倫理的基督神祕主義獲得認可。他對末世論之基督信仰的前後一貫性構思完整縝密，也透過這點，進一步思索了我們與耶穌的關係：那些想法不管在精神或倫理意涵上，都是具最終決定性且超越時間的，儘管它們也源自末世論的形上學之中。

保羅的思想，因此並不存在希臘元素。不過他確實賦予基督信仰一種形態，讓人認為他可能受希臘精神影響。之後在思想上完全吸收保羅教義的以革那堤斯

（Ignatius）與尤斯汀（Justin）所做的，不過是以希臘式的想像，翻譯出保羅「與基督結合」的神祕教義。

* * *

《使徒保羅的神祕主義》一書的最後一章，是寫於一九二九年十二月從波爾多到羅培茲角的航程上；至於前言的部分，則是完成於聖誕節後那天航向蘭巴雷內的河運渡輪上，當時同行的除了我的妻子，還有史密茲醫生以及為醫院實驗室工作而來的賽克雷坦小姐。

可惜第三次到蘭巴雷內，我發現醫院還是有工程得做。這次抵達時，一波大規模的痢疾疫情才剛近尾聲，而事實證明我們為痢疾患者所準備的那棟建築根本太小。於是醫院不得不將附近用來安置精神病患的建築先撥來收容痢疾患者，並為精神病患建造新的房舍。基於過去使用舊病房所累積的經驗，新病房蓋得更堅固，也更通風明亮。後來發現我們需要建造的，還有重症患者專用且配有單人床的大病房，通風且防盜的食物儲藏室，以及給當地看護住的宿舍。所有這些工程都在一年的時間內完成了，在這期間我還同時執行著醫院的勤務，而這得感謝我們忠實可靠的木匠莫內札利的協助。另外，也是來自阿爾薩斯的年輕木材商人祖伯先生在奧果韋地區的最後那段時間，也提供了不少他在蓋房子這方面的知識；在他的協助下，我們用水泥蓋了一個大型蓄雨水池，以及一間通風良好、可充當餐廳及交誼廳的建築。

一九三〇年復活節前，妻子在飽受當地氣候折磨的情況下，很遺憾地不得不返回歐洲。接下來的那個夏天，醫院又來了一位新醫生，同是阿爾薩斯人的麥蘭德博士。

現在我們的醫院幾乎在方圓數百公里之內人人知曉。來這裡接受手術的病患，有些因路途之遙遠甚至得花上好幾星期的時間才到得了。由於歐洲那些醫院之友的善心，我們擁有一間必要設備齊全的手術室，藥局裡也儲備有一切最需要的藥物——包括熱帶疾病所需的那些經常極為昂貴的特製藥——，也能夠在某種程度上提供足夠的食物給許多窮到沒飯吃的病人。現在在蘭巴雷內工作成為一件美好的事，特別是我們不需要把自己搞得精疲力盡，因為現在有足夠的醫生與護士去做該做的事。沒有這些醫院之友，我們的非洲志業根本不可能實現，對此我們心中真是永遠感激不盡！

也因為現在醫院的工作儘管仍然繁重，但至少不再像從前那樣令人「過勞」，於是我在晚上還有足夠的精神動腦力來寫這本書。不過這項工作，自然也經常必須中斷好幾天甚至好幾個禮拜，一旦心中掛慮著那些手術或重症的病患，我就沒有心思去想別的事。所以原本就打算作為此次非洲行第一個文學性作品，也就是這些有關我的生活與創作的簡單報告，也花了我好幾個月的時間才完成。

# 結語

有兩種體驗在我的生命中留下了陰影。一是領悟到這個世界是如此無解地神祕難測與充滿痛苦；其次則是理解了自己出生在一個人類精神文明衰頹的時代。然而經由思考「敬畏生命」這個肯定世界與生命的倫理觀，我克服了這兩者所帶來的問題。在這個理念中，我找到了自己人生的依靠與方向。

因此我希望也能幫助他人經由思考變得更好且內在精神更豐富，這是我對自己在這個世界存在之意義與使命的定位。

我完全無法苟同當前這個時代的精神面貌，它充滿對思考能力的蔑視。然而這種情況在某種程度上也是可以理解的，因為人類的思考能力，至今尚未達成它自己所設定的目標。不知道有多次，我們認定自己已經以一種可信的方式，建立了合乎認知且在倫理上也令人滿意的世界觀。然而事後結果卻不斷顯示，這個目標還是沒有達成。

所以人們難免會質疑，是否真能透過思考來回答有關這個世界以及我們與這個世界之關係的問題，並以某種方式賦予我們的生命內涵與意義。

不過除了輕蔑之外，現代人對思考也普遍存在不信任感。當今的政府、社會或宗教團體在爭取個體認同其理念時，總希望人不是經過思考然後被說服，而是全盤接收他們所準備好的那一整套。一個能自主思考也因此在心智上完全自由的人，對他們而言代表會製造麻煩或帶來事端，因為沒辦法保證這種人在組織中會聽從上意行事。今天幾乎所有的組織，都更傾向於從內部達成最大可能的團結一致中尋求自己的優勢，而不是從本身或組織成員所擁護的理念之精神價值。他們相信如此一來，組織就可以擁有最強的抵抗力與能量。

因此這個時代對人的思考似乎無法完成它的任務，反應不是惋惜反而是欣喜；對人類思想儘管未能盡善盡美但依然創造出成就，也不引以為豪。此外，它還拒絕承認人類至今所有智識之進步皆是思考的成果——儘管這是不爭的事實；也不願考慮透過思考，我們未來還有機會完成至今未能竟功的任務。這個時代拒絕接受以上種種考量，對它而言，想盡辦法貶低打壓個人思想，似乎是最要緊的事。它對待個人思想的方式，幾乎就是福音中「凡是沒有的，就連他有什麼也要拿去」這句話的寫照。

現代人終其一生，於是都置身在各種想奪去他對自主思考之信心的影響勢力中。在他所聽聞及所閱讀的一切當中，都充斥著這種他應該要屈服的「人在心智上無法獨立」的意圖——不管在他的社交圈中，在他加入的政黨與社團中，或在他的生活環境中。這類影響從四面八方、以形形色色的手段對他發揮作用，就是要他接受他所屬組織的那一套，來作為自己人生的真理與信念。我們這個時代，不讓人有探索自我產生自覺的機會。就像資本雄厚的企業，不斷透過在大城市街道旁亮起廣告招牌，如影隨行地強迫放送訊息，希望你能買他們的鞋油或湯塊，那些信念也是如此這般，一次又一次被強迫推銷給你。

所以現代人在當前這種時代精神的反覆提醒下，對自己的思考能力產生懷疑，於是也更容易接受權威所提供的「真相」。因為過度忙碌、無法專注且精神渙散，他抗拒不了這種持續性的影響。此外，物質的層層束縛——這是他無法迴避的命運——也以某種方式影響他的心性，使他最後也相信自己不再有權利擁有自己的想法。

另一個迫使現代人對自己心智能力信心大減的壓力，來自於知識的爆炸。他應接不暇，再也沒辦法完全消化掉所有出現的新知然後加以吸收，於是不得不把理解不了的也當作是正確的囫圇吞下。這種處理科學知識的態度很容易誘導他產生一種想法，認為自己在思考這方面也是判斷力不足。

整個大時代的環境，就是如此盡其所能地要把我們推進這種時代精神裡。

而它所埋下的那顆懷疑主義的種子已經萌芽，現代人對自己的智識能力確實喪失了信心。表面充滿自信的行為舉止之下，其實隱藏著極大的不安；儘管從物質層面來看生產效能很高，卻仍然是個逐漸萎縮中的人，因為他棄自己的思考能力而不用。我們這個因擁有知識與技能成就而顯得如此非凡的世代，卻可以放棄思考，在精神上墮落到這種程度，仍舊是一件令人費解的事。

＊＊＊

面對一個這樣的時代——只要被認為是某種理性主義或自由意識，都會被視為是可笑的、沒有價值的、落伍的或早就該丟棄的，甚至連十八世紀所成功揭示的不可剝奪之人權，也不被當作一回事並加以嘲弄——，我要聲明自己是一個對理性思考依然信心十足的人。我想對世人大膽直言，不要因為理性主義至今曾被浪漫主義與現在掌控我們精神及物質領域的現實政治所取代，就認為我們不該與它再有任何牽連。一旦受夠這個無所不包的現實政治之一切愚昧，且因此越來越深陷精神與物質困境，我們除了轉而信任一個更具深度且更有效的新理性主義，並從中尋求拯救之外，完全別無他法。

放棄思考，等於是宣告了精神破產。只要人不再相信可以透過自主思考來認知事實真相，便開始產生自我懷疑。想用這種方式散播懷疑主義的人這麼做的目的是：假若人放棄自己去發現事實真相，便會進而只接受權威或宣傳強迫推銷給他們的「事實真相」。

不過他們盤算錯了。任何打開閘門讓懷疑主義的洪流四處傾瀉的人，不能期望之後還能將它圍堵。對以自主思考獲致事實真相感到氣餒的人當中，只有一小部分接收官方所提供的真相以為替代，大多數人的態度仍是存疑。他們對事實真相失去了感覺，也不再渴望事實真相，日子只在思想空虛中得過且過，來回游移在各種意見之間。

就算權威所提供的「事實真相」具有思想與倫理價值，也無法遏止懷疑主義，只是掩蓋了它。一個自己就能辨識的事實真相，自己卻無法相信——這種違反自然的狀態繼續存在著，並產生負面影響。真相之城，不能建造在懷疑主義的沼地上，因為人的精神世界會逐漸被懷疑主義侵入，然後徹底腐朽。我們會活在一個各方面都充斥著謊言的世界裡。連真相都想加以操弄，就這個事實而言，人類無異正在走向毀滅。

懷疑主義者接收而來的「事實真相」，缺乏透過思考而得的那種精神特質。它既表面化又僵化，雖然能對人產生影響，但無法跟人的內在產生連繫。只有在思考過程中成形的真相，才是活的真相。

就好像樹木年復一年結出同樣的果實，但每次也都是新生的果實，人類一切具恆久珍貴價值的理念，也必須在思考中不斷創新重生。不過我們這個時代卻在忙著這樣做：把真相的果實繫在注定結不了果的懷疑主義樹上，以讓它看起來果實纍纍。

僅僅是相信自己能透過獨立思考來獲得真相，就足以使我們有能力接受真相。具有深度的自由思考，並不會陷入主觀意識中。它會以本身的理念觀點，來審視那些傳統上已習慣被視為真相者，為能擁有這個知識而努力。

然而我們追求真實性的意志，必須與追求真相同等強烈。唯有具備誠實勇氣的時代，擁有的真相才能成為社會的精神力量。

追求真實性是精神生活的根基。我們這個世代由於太過輕忽思考，已經意識不到它的重要性，也連帶不覺得有追求真相的必要。只有讓我們的時代重新正視思考的重要性，才能幫它重返正道。

本著這一分篤定，我決定起身對抗這種時代精神，並且有信心肩負這個責任，為重新壯大思想之火焰盡一分心力。

＊＊＊

「敬畏生命」僅僅藉由其思想特質，就特別能勝任對抗懷疑主義的任務。因為它是最根本的。

所謂的根本，是指這個思想從人與世界的關係、生命的意義以及善的本質等根本問題出發。它直接與每個人腦中活動著的思維產生連結，會進入我們的思維中，使其更加擴展及深刻。

這種根本性的思想可見於斯多噶主義之中。我在大學時代開始讀哲學史時，幾乎是一接觸斯多噶學派就再也難以捨棄，因此對它後面那些與它截然不同的思想流派，也就沒有繼續關注。儘管它的結論並不能滿足我，但我認為它以簡單樸實的方法來探討哲學是正確，而且對它被人所捨棄也完全無法理解。

斯多噶主義在我眼中之所以顯得偉大，在於它不拐彎抹角而是直指目標；它大體上容易理解，卻同時也不失深度；它能滿足於那些即使不夠完美但仍可接受的真理；它認真獻身於真理，並賦予它生命；它具有誠實的精神，敦促人要專心致志與追求內在，並喚醒人的責任感。我也認為斯多噶主義的基本思想是正確的，亦即人與世界之間存在著一種精神性的關係且必須與它合而為一；從本質來看，斯多噶學派是一種最後發展成神祕主義的自然哲學。

在熟悉《道德經》之後，我認為老子的思想與斯多噶學派一樣，都是講求根本的。對老子而言，人也應該透過簡單的思維與世界建立一種精神性的關係，並在生命中印證這種天人合一的境界。

因此希臘的與中國式的斯多噶主義，在本質上是相關的。它們彼此間的差異，只在於前者形成於較成熟且較具邏輯性的思考中，後者的思維則雖尚待發展，卻極為深奧且具直覺性。

不過這個出現在歐洲及其他地區的根本性思想，卻無法保有它應得的引領思潮之地位，而是必須讓位給非根本性者。它之所以無法被普遍認同，原因在於其結論無法滿足人的需求。凡是心智成熟的人，生存意志中都有一股追求工作表現與道德行動的渴望，然而這類根本性思想，卻不認為這是具有意義的。於是希臘的斯多噶主義繼續停留在它「聽天由命」的理想中，老子的思想則在歐洲人看起來很怪異的「善意的無為」中止步不前。

其實整部哲學史幾乎就是這樣形成的：倫理性肯定世界與生命的想法是人之天性，然而以單純、符合邏輯的方式來思考人以及人與世界之關係所得到的結果，卻無法滿足那些想法，因為缺乏解釋它們的能力。於是這種單純直接的思考模式被迫改變，人們希望透過其他思維來達成目的；就這樣，各種五花八門、不同於根本性思想的思潮出現了，它們包圍著它，並經常完全將其覆蓋。

這些採取其他途徑的思想，特別傾向於這樣詮釋世界——他們想證明人生在世，以道德行動發揮作用之意志是具有意義的事。愛比克泰德與奧里略的晚期斯多噶主義，十八世紀的理性主義以及孔子、孟子、墨子與其他中國思想家，藉由將世事之變化歸因為某種帶有倫理目的的天意，並要求人為此天意服務，成功地讓以人與世界關係之根本問題出發的哲學，獲得了合乎倫理的對世界與生命之肯定。至於婆羅門教與佛教的思想，一如整體印度思想系統與叔本華的哲學，展現的則是另一種對世界的詮釋，他們認為隨時空演變的生命之存在是無意義的，這種存在必須終止。因此人對待這個世界最合理的方式，就是讓自己從世界與生命中消逝離去。

除了那些至少是從根本性問題出發或依然對其保持關注的思想之外，還有一類完全非根本性的流派——特別是在歐洲哲學當中——，已不再視人與世界的關係為其議題核心。它的關注點在於知識之起源與本質、邏輯思辯、自然科學、心理學、社會學或其他任何領域，彷彿哲學本身就與尋找這些問題的答案有關，或甚至哲學只存在於探討及歸納各種不同科學領域的成果之中。它不再敦促人持續思索自我以及自我與世界的關係，而是向人傳遞有關知識之起源與本質、邏輯思辯、自然科學、心理學、社會學或其他領域的成果，彷彿人如何看待自己的生命或自己與世界的關係，完全就是取決於那些結果。這種哲學向人所闡述的一切，都好似「人」不是一個存在於世界之中且體驗著世界的生命，而只是一個置身世界之外的旁觀者。

也因為這種非根本性的歐洲哲學在探討人與世界之關係的問題時，總是獨斷地任選某個立場為出發點，或甚至乾脆忽視它，所以本身在概念上有點不一致、躁亂、虛矯、怪異且零散；不過它卻同時也顯得最豐富且最廣泛。在它那些彼此連續且相互交錯的系統、半系統與非系統中，能從所有的面向及各種可能的觀點處理世界觀的問題。它在探索自然科學、歷史與倫理學的問題上，也比其他流派都更深入，就這點而言，也可說是最切實際。

未來世界的哲學思想，會更因為根本與非根本性思想之間的論爭交流而生，而較少形成於歐洲與非歐洲思想間的激盪。

至於神祕主義，在現代人的精神生活中則顯得有點疏離。就性質而言它是一種根本性思想，因為它是以最直接的方式，關注如何讓人與世界建立起一種精神關係。然而因為懷疑理性思考能否達成此目的，神祕主義退而訴求直覺，藉此讓自己的想像力得以發揮。所以在某種涵義上，過去的神祕主義也重返那種試圖繞道思考的路線。對我們而言，一般只有透過邏輯思考產生理解之事才會被視為真相，因此以神祕主義闡述其理念及立論的方式來看，人很難從心智上接受它。此外，這些理念其實也無法滿足人的需要；幾乎所有到目前為止的神祕主義都太少論及倫理道德。它引領人走回內心世界，卻沒讓人同時也走向有效的倫理之路。我們與自我存在及與世界的精神關係，使我們成為具有積極倫理觀且內斂的人，而這印證了世界觀的真實性。

因此要逆轉我們這個時代思想匱乏的困境，無論是那些採取迂迴途徑來詮釋世界的非根本性思想，或是神祕主義直覺性思想，都發揮不了作用。能夠克制懷疑主義者，唯有接受許多個體天生就具有的根本性思想，並將其加以發揮。相反地，那些非根本性思想——通常是以某種方式獲致的某種思考結果，然後被展現在個體面前——並無法使個體得到自己的想法，而是把某種他人的思想給他當成自己的。借用他人的思想，意謂著干擾且弱化自己的思想；代表向直接接收他人的「真相」更靠近了一步，因此也進一步走向懷疑主義。十九世紀初德國龐大的哲學思想體系，曾被熱切關注廣為採納，然而後來卻成為了懷疑主義發展的溫床。

所以使人再度具有思想，意謂著讓人重新找回自己的思考能力，以獲得自己對生命真正必要的理解與認識。敬畏生命的思想進行了一種根本性思考的革新，那股地底下的泉水，在歷經漫長流路後終於又重新湧出地面。

＊　＊　＊

過去人們徒勞無功想達成的肯定世界與生命的倫理觀，如今透過根本性思想獲得了，這並非自欺欺人，而是與這個思想完全切合實際有關。

人們過去在探討世界時，往往只將它視為一種「事件的整體」。然而人與這樣的一個承載事件的整體，除了以聽天由命的心態自然臣服於它之外，根本沒辦法建立起任何其他精神性的關係。在這樣理解下的世界，人沒辦法賦予自己的行為任何意義。他找不到任何理由，去投身奉獻這個壓迫著他的世界。對他而言，通往肯定世界與生命及通往倫理的路都被封鎖了。

受制於這種對世界缺乏生氣且不完整的想像，凡是本質性思想無法以自然方式解答的問題，哲學便企圖以另外某種對世界的詮釋來勉強提供答案，不過皆是枉然。就彷彿一條要流向大海的河被一座山給擋住了，於是四處奔流的水得另尋出路。不過沒有用。這些水只能不斷流進其他山谷，然後將它注滿；而數百年之後，這些回堵蓄積的洪水終於找到破口，有了突破。

這個世界不僅是「事件」，它也是生命。對待世間的生命——就以出現在我周遭的來說——，我不僅是受苦的也是積極的。藉著投入服務生命的工作，我為這個世界做了一件有意義的事。

以世界是真實且充滿生命的概念取代那個無生命世界的概念，一旦實現了，看起來就好像既簡單又理所當然，然而在它成為可能之前，其實還需要一段漫長時間的演變。如同想看到自海底隆起的山脈之岩石，就得等覆蓋在它上面的石灰層逐漸被雨水沖蝕掉，在有關世界觀的議題中，不切實際的觀點也常常覆蓋在實質性觀點之上。

「敬畏生命」的理念，為人與世界如何合而為一這個務實的問題，提供了務實的答案。關於這個世界，人只知道一切的存在都跟他自己一樣，是生存意志之展現。他與這個世界的關係既被動又主動：一方面他得聽命於這輩子所有的際遇；但另一方面，他也有能力對自己周遭的生命產生阻礙或促進、毀滅或維護的作用。

賦予人的存在某種意義的唯一辦法，就是使他與世界的關係由從物理性提升為精神性。忍耐被動型的人，是透過順應天命的態度與世界建立起精神關係。真正的順應天命，是人在屈服於世事的同時，能從形塑他存在之表象的命運中超脫而出，然後得到內心的自由。內心的自由，意謂著他找到讓自己度過難關的力量，並因此變成更有深度更內斂，也越成熟、平靜且祥和。因此順應天命，可說是一種對自我存在的精神性與倫理性肯定。唯有經歷過順應天命之試驗者，才有辦法對世界持肯定的態度。

至於積極主動的人，則是透另一種方式來與世界建立精神關係：他的生命並不是只為自己而活，而是與周遭所有的生命合而為一；他對他人的命運感同身受並盡其所能地提供協助，把自己能促進且拯救生命，視為是他所能分享的最大快樂。

一旦人開始思索自己生命的奧祕以及自己與世間萬物的關係，唯一的結果便是：對自己的與周遭所有的生命產生敬畏，並在肯定世界與生命的倫理觀中身體力行這種敬畏。從各方面來說，他的存在會因此變得比為自己而活更辛苦，但同時卻也會更豐富、更美好且更快樂。他的生活會從得過且過，變成真正的體驗生活。

對生命與世界展開思索，會直接且必然地引領人走向敬畏生命之路。根本不存在走向其他結論的可能性。

倘若一度開始思考的人卻依然想得過且過的活著，就只能再度任自己陷入思想匱乏的茫然——如果他能自我說服得了——，並在當中自我痲痺。但假若他不放棄思考，就絕對會得到敬畏生命的結論。

某些思想被認為會把人帶進懷疑主義或毫無道德理想的生活，但這些思想都不是真正的思想，而只是披著思想外皮有欠思慮的空想；它們對生命與世界的奧祕毫不關注，已充分證明這點。

＊　＊　＊

「敬畏生命」包含順應天命、肯定世界與生命以及倫理道德的概念，它們是世界觀的三個基本元素，彼此密不可分的思想成果。

哲學史上探討過順應天命的世界觀、肯定世界與生命的世界觀以及倫理的世界觀，然而至今從未成功地把這三個元素合而為一。想做到這點唯有如此：在敬畏生命的普遍理念中理解這三個元素的本質，也在當中找出它們彼此共同的存在。順應天命及肯定世界與生命這兩個概念，並不具備與倫理觀對等的存在，它們是倫理的低八度音。

由於來自務實的思考，「敬畏生命」的倫理觀因此也很切合實際，它能引導人務實且持續地探討現實。

「敬畏生命」的理念乍看之下或許有點過於籠統且不夠生動，似乎無法構成實質有效的倫理觀。然而真正的思想該關注的，不是表達方式是否夠生動，而是其內涵是否切中要點並且具有生命力。任何人只要進入「敬畏生命」倫理觀的影響圈，並理解它對人有何期許，必能立即察覺到隱藏在那看似不夠生動的表述下熾熱的火焰。「敬畏生命」的倫理觀，是普及的愛之倫理，也是經過理性邏輯思考所獲得的耶穌之倫理。

不過也有人詬病這個倫理觀賦與自然生命太高的價值。對此最好的反駁是：至今所有倫理學都犯過的共同錯誤，就是沒有像「敬畏生命」的倫理觀一樣，認清生命之價值是如此奧妙。所有的精神生命都會在自然生命裡與我們相會，對生命之敬畏因此同時適用於自然與精神的生命。在耶穌的比喻中，那個男人拯救的不只是迷途羔羊的靈魂，而是那整隻羊的生命。對精神生命的敬畏，會隨著對自然生命的敬畏而提升。

「敬畏生命」的倫理觀中特別令人覺得陌生的概念，是它並不主張將生命區分為高等或低等以及較具價值或較不具價值。然而不那樣做是有理由的。

在物種之間建立價值差異並使其變成普遍適用，會導致人根據感覺來判斷某種生物與自己的親疏遠近，因此是一種完全主觀的標準。在我們當中，真有人知道其他生物對牠自己以及對這整個世界具有何種意義嗎？

這種區分帶來的觀點會是：有些生命是毫無價值的，即使被危害或毀滅也沒關係。緊接著視情況而定，昆蟲這類物種或原始民族，便會被理解為是「毫無價值」的生命。

在真正具倫理觀的人眼中，所有生命都是神聖的，即使是那些從人類立場看來似乎相對低等者。他只在情況真正需要且迫於情勢所逼時，才會不得不將其加以區別，例如當他陷入某種處境，必須決定是否該犧牲某個生命以保全另一個生命時。在針對個別情況下決定時，他會知道自己是主觀且武斷的，因此對被犧牲的生命也負有責任。

治療嗜睡症的新藥問世，讓我可以拯救生命，不用再眼睜睜看著久病不癒的人受盡痛苦折磨，對此我感到無比欣喜。然而每當我在顯微鏡下觀察引發嗜睡症的病原蟲，腦中卻總也不禁會浮現這個念頭：為了挽救另一個生命，我不得不摧毀這個生命。

有次我向當地土著買下一隻他們在沙洲上抓到的小魚鷹，讓牠免於可能遭受的殘酷對待。不過接下來我必須做出決定，是要讓這隻小魚鷹餓死，還是要讓牠活下來然後每天殺掉一些小魚。我選擇了後者。然而每天都為此感到有些心情沉重，那是我得為犧牲其他生命所負起的責任。

人類與天下萬物一樣，都得接受生命意志自我分裂的法則，必須不斷面對一個兩難的處境——似乎只有犧牲其他生命，才能保有自己或某些生命。然而一個人一旦為「敬畏生命」的倫理觀所觸動，就只會在迫不得已——而絕不會在不經大腦——的情況下，做出傷害或毀滅生命的舉動；而且只要能自主決定，他就會找機會享受這樣的幸福——自己有能力幫助生命，使其免於痛苦或遭到毀滅。

「敬畏生命」所具有的普遍性倫理觀，證明了沒有任何懂得思索的人，能夠不對動物產生同理心——而且還經常以感性的方式來呈現——，這點特別為少時曾參與過動物保護行動的我帶來莫大的喜悅。過去的倫理觀在面對人類與動物的議題時，不是缺乏理解與熱情就是不知所措。即使認為對天下生靈具有同情心是正確的，也無法把這樣的信念吸納進來，因為倫理學根本向來就只關注人與人間如何相互對待。

不知要等到何時，輿論才會不再容忍大眾娛樂活動某些虐待動物的行為！

所以這個倫理觀雖是思考的產物，事實上卻也不「合乎理性」，反而是非理性且充滿熱忱的。它沒有透過精巧計算為人畫出明確的義務圈，而是讓人對自己周遭所有的生命負起責任，並要求他奉獻所能來幫助這些生命。

＊　＊　＊

具有思想深度的世界觀，會讓人與「無限」之間產生一種精神關係，從這個角度來看，它也是某種神祕主義。「敬畏生命」的世界觀，則是倫理的神祕主義；它讓人透過道德行動來實現與「無限」合而為一。這個倫理的神祕主義，是形成於理性思考之中。假若我們的生存意志開始思索自己與這個世界，便能在我們周遭的生命中經歷自己的生命，並以行動將自己的生存意志奉獻給這無限的生存意志。理性思考一旦觸及深處，必然會成為帶著神祕色彩的非理性思考；而這裡涉及的生命與世界之課題，皆是非理性所能衡量的偉大之存在。

無限的生存意志，在這個世界是以造物者意志的形態來展現，對我們而言完全是奧祕難解且令人苦惱的謎團；在人的身上則呈現為愛的意志，以讓我們抵銷生存意志自我分裂的效應。

「敬畏生命」的世界觀於是也具有宗教特質。擁護這個理念並身體力行的人，都有著不可動搖的虔信。

* * *

「敬畏生命」的世界觀具有宗教特質的愛之積極倫理，本身也蘊含內在精神性，因此與基督教的世界觀在本質上密切相關。也因為如此，基督教與「敬畏生命」的思想之間，才能達成一種與以往不同且有益精神生活的關係。

十八世紀理性主義的時代，基督教曾經一度與哲學思想建立起連結。它之所以這麼做，是因為當時哲學思想的倫理觀不僅充滿熱忱且具備宗教特質。只不過這個倫理觀其實根本並不是當代思想的創見，而是無意中擷取自基督教教義；於是後來在思想界必須以本身觀點為重時，這個倫理觀失去它原有的生命力與宗教性，與基督教的信念再也沒多少共通點。於是基督教與哲學思想間的連結鬆開了，而今天的基督教，則是完全退回自己的世界，只想致力於實踐自己的理念。證明自己與當代思想理念一致這件事，對它不再重要；它更想把自己的理念，看作是某種在思想之外且凌駕於它的存在。不過也因為如此，基督教從此與當代人的精神生活脫節，也失去對它有效發揮影響力的機會。

而現在「敬畏生命」世界觀的出現，又讓基督教重新面對了這個問題：是否要與這個兼具倫理及宗教特質的理念攜手同行？

基督教需要思想來獲得自我意識。有數百年之久，它雖然宣揚愛的信條與慈悲之心，將其奉為傳統真理，但卻沒有據此聲討過奴隸制度、獵巫焚巫、使用酷刑，以及其他許許多多發生於古代及中世紀的不人道行為。基督教是一直到受啟蒙時代思想的影響，才開始為追求人道而奮鬥。有關這點它應該要永遠銘記在心，每當在思想面前感到自己更優越時。

不過今天有人在談到理性主義時代的基督教時，卻總喜歡只提它當時所經歷的那種「平庸化」；其實若真正要公平，他們也應該要交代當時那個基督教所成就的許多事，又彌補回多少這種「平庸化」。嚴刑拷問今天死灰復燃，許多國家的司法機構，為了讓被告招供認罪，都默許警察及獄政人員在正式法律程序之前或之外，使用極為可怕的刑訊。我們根本無法想像，發生在這種情況下的悲慘案例每小時有多少件。然而今天基督教面對這種酷刑再起的惡習，連一次都沒有發聲譴責，更別提以行動來表現，就如同它在對抗現代迷信上也幾乎毫無作為一樣。而且即使它下定決心，要像十八世紀時那樣勇於在某些方面有所作為，由於對當今時代精神缺乏影響力，結果也是力不從心。

今天基督教就精神與倫理本質來說所得到的認同是如此有限，以致只能以教會地位在全世界的擴張逐年增強來自我欺騙。它以一種新的世俗化作風來順應時代精神；就像其他大型機構一樣，想要透過讓組織不斷更強大且更統一，讓自己以真實的歷史信仰巨人之姿獲得認可。然而在外在權勢有所斬獲的同時，它也失去了自己的內在精神。

基督教無法取代思想，而是必須以思想作為前提。它本身沒辦法處理思想匱乏與懷疑主義的問題；一個時代，只有在本身已存在那種得自思想的根本性虔誠時，才能領悟基督教思想的永恆性。

一如河川因為下有豐沛的地下水流而不致滲漏乾涸，基督教也需要根本性的思想虔誠這股地下水流。只有人從思想通往宗教的路不受阻攔時，基督教才能擁有真正深入人心的精神力量。

我很清楚自己就是透過思考，才得以保有我的虔誠及基督精神。懂得思考的人在面對傳統宗教的真理時，會更為自由，但也更能真實領會其中蘊含的深刻與永恆。

不管透過耶穌宣揚或是從思想中理解得知，基督教的本質，就是我們只要憑藉著愛，就可以達到與上帝結合的境界。所有栩栩如生領悟到上帝的經歷，都歸因於我們以愛的意志在內心感受到祂。

任何人只要能領悟到我們愛的理念，是某種來自「無限」的精神慰藉，就不會冀望宗教能讓我們完全理解那些超自然的玄妙現象。他心中或許翻騰著這些大哉問：「惡」在世間的意義為何？造物者之意志與愛之意志，是如何在所有存在之根源的上帝身上合而為一？精神與物質生活彼此有何關係？我們的存在，為何顯得既短暫卻又永恆？但是他有辦法擱下這些問題，儘管放棄尋找答案讓他非常難受。知道憑藉著愛，能使他在精神上與上帝同在，他也就擁有了必要的一切。

「愛是永不止息，然而知識終必歸於無有」，保羅這麼說。人的心越是虔誠，就越不苛求理解抽象玄妙的現象。虔誠的心就像一條路，它穿梭在山頭之間，而非翻越山嶺而去。

有人怕基督教若接受虔誠是思考的結果，就會淪為一種泛神論，然而這種擔心是多餘的。其實從某方面來看，所有活躍中的基督教派都是泛神論——因為它們得將一切的存在，都視為存在於「存在之根源」中。然而另一方面，所有具倫理基礎的虔誠，同時也都是超越泛神論之神祕主義的，因為它並不是在真實世界裡找到愛的上帝，而是只透過祂在我們心中形成愛的意志而認識了祂。出現於真實世界中的「存在之根源」，對我們總是非人格性的；然而當它以愛的意志展現在我們心中，我們會表現得它好似一個倫理人物。一神論並非泛神論的相對物，它不過是從泛神論中脫穎而出，如同在倫理上明確界定者，從在自然上未明確界定者中突顯而出。

此外，還有人認為接受過理性思考洗禮的基督教，會再也沒辦法讓人認真地去意識到自己有罪。然而這樣的疑慮，同樣也是沒有根據的。並不是越常談到罪惡，就越能讓教義具有說服力。登山寶訓中對此就沒有多談，但是透過耶穌在天國八福中加入渴望免除罪惡與心靈純淨的概念，它成為勸人懺悔的偉大布道，一直影響著人心。

基督教若因礙於某種傳統或考量，而不願在具倫理宗教性的思想中理解自我，那對基督教本身及對人類都是個不幸。

基督教的當務之急，便是完全擁抱耶穌精神，並以此將自己提升為充滿愛與內在精神且具生命力的宗教，而這本是它的使命。唯有如此，它才能在人類精神生活中，成為一股潛移默化的力量。十九世紀來在全世界登場的這個宗教，只是一個充滿弱點與錯誤的基督教之開端，並不是那個本著耶穌精神、完善成熟的基督教。

懷著深切的愛遵循基督教義，我尋求以忠實真誠的心來為它服務。然而我並不想像基督教護教士那樣，以扭曲破碎的思想來為它辯護，而是想敦促它秉持著真誠的精神，探討自己的過去並與思想界進行交流，以從中領悟自己真正的本質。

提出源自「敬畏生命」之倫理宗教性觀點的根本性思想，藉此讓基督教與思想界更貼近且更了解彼此，是我最大的希望。

＊　＊　＊

常有人問我是悲觀主義者還是樂觀主義者，我的答覆是：在認知上我是悲觀的，然而我的意願與希望是樂觀的。

我的悲觀，在於經歷了許多我們理解中根本毫無意義的世事，而且是以最沉重慘烈的方式。人生至此，我只有在極少數的片刻，真正為自己是活著而感到高興。看著周遭受苦的生命——不僅僅是人，還有其他生物——，總是忍不住會感同身受。然而我從未試圖擺脫這種悲憫之心，對我而言，所有的人共皆須分擔世間之苦，這是理所當然的事。中學時我就已經很清楚，沒有任何一種有關世間之惡的解釋能讓我滿意，它們全部最終都只會落入某種詭辯，而且基本上唯一的目的，就是讓人對自己周遭的不幸與痛苦，不致於那麼感同身受。一個像萊布尼茲（Leibnis）[30]這樣的思想家，居然能提出「這個世界儘管不好，但卻是可能存在

30　譯註：一六四六～一七一六年，德意志著名哲學家、數學家，歷史上少見的通才，有十七世紀亞里斯多德之稱。在數學上與牛頓先後發明微積分；在哲學上以樂觀主義聞名，為十七世紀最偉大的理性主義哲學家之一。

的世界中最好的一個」這樣瘪腳的說法，對此我永遠無法理解。

儘管如此關注世間之苦難，我卻從未迷失在對這些問題的思索中，而是堅持著這樣的想法：人生在世，每個人都被賦予了某種能力，以終止某些苦難。就這樣，我逐漸接受了一個事實——或許我們唯一能夠理解的，就是每個人都應該走一條願意為他人帶來救贖的人生道路。

對於人類當前的處境，我也是悲觀的。我沒辦法說服自己情況可能不像外表看起來那麼糟，而是意識到人類目前走的這條路如果繼續走下去，終究會進入某種新的中世紀黑暗時期。我可以想像得到，我們因摒棄思想與來自思想的理想，在精神與物質生活上將導致何等慘烈的災難。然而，我依然保持樂觀。有個我自孩提時代以來就一直謹守、從未丟棄的信念，就是相信真理。來自真理的精神力量，要比環境的威力更強大，對此我深具信心。在我看來，人類未來唯一的命運，會是以自己的思想與信念創造而成。就此而言，我相信這條衰敗之路，人類不必然會把它走到盡頭。

抗拒思想匱乏且在人格特質上夠誠懇、夠具深度的人，假若認為倫理進步的理想能從自身傳送出力量，一種強大的精神革新行動會因此展開，並在人性中產生新的思想與信念。

我對真理與精神的力量具有信心，因此也相信人類的未來。肯定世界與生命的理念，本身就必然含有樂觀的意願與希望，因此也不懼怕直視陰暗現實的真正面貌。

＊＊＊

在我自己的生命裡，有時得面對這麼多的煩憂、困難與悲傷，如果不夠堅強，或許早就已經被擊垮。多年來，巨大的疲憊與責任始終沉重地壓在我身上；生活中留給自己的時間並不多，就連想把一些時間獻給妻子與孩子都很困難。

然而我也得到許多福氣：我能夠服務於慈善事業，而且這個事業是成功的；我得到許多人的愛與善意；我有忠實可靠的助手，他們認真地把我的事當成自己的來做；我的身體夠健康，禁得起最辛苦的工作；我的性情總是很平和，擁有能冷靜沉著行事的幹勁；我也懂得珍惜並感謝所有降臨在自己身上的幸運，並把它視為是某種必須加以回報的事來接受。

在一個許多人遭受壓迫失去自由的時代，我還能以自由之身做自己想做的事，對此我有很深的感動與感謝。還有即使做的是務實性工作，卻同時有機會從事精神領域裡的工作，也讓我心懷感激。

人生以如此形形色色、各種各樣的方式，為我的創作工作提供有利的先決條件，我把它視為一種恩賜，並想要證明我值得這樣的恩賜。

我打算要做的那些事，之後還能完成多少呢？

我的頭髮已開始花白，一直被我過度折騰的身體，也開始感覺到疲累與年歲。

回想自己過去那段完全不用顧慮體力、可以不眠不休做著體力與腦力活的時期，我心裡充滿感謝。至於未來，我則是平靜與順從以待，希望假若有一天我必須面對放棄，心理也能夠有所準備。不論是身為行動者或受苦者，我們都必須彰顯，使人突破逆境獲致平和的力量，高於一切的理性。

於　蘭巴雷內

一九三一年三月七日

# 史懷哲年表

一八七五年　一月十四日出生於上亞爾薩斯區凱瑟斯貝格，路德維希・史懷哲牧師家第二個孩子。

一八八〇～一八八四年　就讀根斯巴赫小學。

一八八四～一八八五年　就讀上亞爾薩斯區明斯特的實科中學。

一八八五～一八九三年　就讀上亞爾薩斯區慕爾豪森的普通中學。六月十八日，畢業考試。十月底，開始在史特拉斯堡大學就讀神學與哲學。

一八九四年　四月一日起開始服役。同年秋天，展開「一貫末世論」的神學構想。

一八九六年　聖靈降臨節假期，立下三十歲起「直接為人服務」的誓言。

一八九八年　五月六日，第一次神學考試。十月，於巴黎索邦大學研修。接受魏多管風琴彈奏指導。

一八九九年　三月，返回史特拉斯堡。同年夏天，在柏林進修。開始研讀文化哲學。七月，在史特拉斯堡獲得哲學博士學位。十二月，擔任史特拉斯堡聖尼古拉教堂之見習牧師。

一九〇〇年　七月十五日，第二次神學考試。七月二十一日，獲神學博士學位。

一九〇一年　五月至九月，暫代史特拉斯堡聖多瑪斯神學院院長一職。
一九〇二年　三月一日，取得在史特拉斯堡大學以編外講師授課資格。
一九〇三～
一九〇六年　正式任職史特拉斯堡聖多瑪斯神學院宿舍主管。
一九〇四年　秋天，因巴黎傳教協會報導刊物上的一篇文章，領悟到何謂「直接為人服務」。
一九〇五年　十月十三日，告知親友決心成為醫生到熱帶地區服務的消息。
一九〇五～
一九一二年　就讀醫學院。
一九一二年　成為實習醫生。春天，辭去史特拉斯堡大學與聖尼古拉教堂布道辦公室之教職。於巴黎修習熱帶醫學課程。七月十八日，與海倫娜．布雷斯勞結婚。
一九一三年　二月，獲醫學博士學位。三月，出發前往蘭巴雷內。
一九一三～
一九一七年　蘭巴雷內的第一次服務行動。在巴黎基督教傳教協會傳教站創立熱帶醫院。
一九一五年　九月，在航經位於羅培茲角與恩勾摩之間的非洲村落時，頓悟「敬畏生命」即是最能表達其生命理論與文化哲學的觀念。
一九一六年　母親在根斯巴赫的一場意外中過逝。
一九一七～

一九一八年　先後被拘禁於波爾多、加瑞松（庇里牛斯山區）以及聖雷米（普羅旺斯）的戰俘營。

一九一八年　七月，經由瑞士返鄉回到根斯巴赫。拘禁期間留下嚴重病根，接受手術開刀。同時任職史特拉斯堡聖尼古拉教堂之代理牧師及市民醫院之助理醫師。

一九一九年　一月十四日，女兒蕾娜出生。

一九二〇年　於瑞典進行有關蘭巴雷內之講座與演講，並舉辦管風琴演奏會。獲頒第一個榮譽博士學位，由蘇黎世神學院授予。八月，在史特拉斯堡號召「Brüderschaft der vom Schmerz Geneichneten」（譯註：為一兄弟會組織）。

一九二一年　大齋期的第五個主日（Sonntag Judika），擔任巴塞隆納加泰隆尼亞合唱團演出巴哈馬太受難曲之管風琴伴奏，為本曲目在西班牙之首演。

一九二一～一九二二年　於瑞士、英國、瑞典及丹麥舉行演講及音樂會。

一九二三年　一月，於布拉格舉進行有關文明哲學之演講。

一九二四～一九二七年　第二次旅居蘭巴雷內行醫，重建醫院。

一九二五年　父親過逝。

一九二七年　一月二十一日，醫院搬遷。新醫院位於離原傳教站上游幾公里處。

一九二七～

一九二九年　於瑞典、英國、荷蘭、丹麥、捷克斯洛伐克及瑞士進行演講；於德國舉辦管風琴音樂會。

一九二八年　獲頒法蘭克福歌德獎章，於歌德故居發表致謝演說。

一九二九～一九三二年　第三次到蘭巴雷內行醫服務。

一九三二年　三月二十二日，於法蘭克福歌劇院舉行的歌德逝世一百週年紀念會上發表紀念演說。

一九三三～一九三四年　第四次到蘭巴雷內服務。

一九三四年　十月，於英國牛津大學希伯特講座發表演說，主題為〈現代文明中的宗教時刻〉。十一月，於愛丁堡大學基佛德講座發表演說，主題為〈自然神學與自然倫理學之問題〉。

一九三五年　二月至八月，第五次旅居蘭巴雷內。

一九三七～一九三九年　第六次到蘭巴雷內服務。

一九三九年　一月十二日出發返回歐洲，因戰爭風險僅短暫停留。三月三日再度返抵蘭巴雷內。

一九三九～一九四八年　第七次到蘭巴雷內服務。

一九四九年　於阿斯彭（美國，科羅拉多州）之歌德兩百週年誕辰紀念會發表歌德演說。

一九四九～
　一九五一年　第七次到蘭巴雷內服務。
一九五〇年　透過在阿斯彭進行歌德演說所得到的資助，開始在離醫院不遠處興建痲瘋村。
一九五一年　獲得德國出版協會和平獎。十二月，第九次出發前往蘭巴雷內。
一九五二年　入選法蘭西人文科學院院士。發表〈人類思想高度發展下的倫理問題〉演說。第十次前往蘭巴雷內。
一九五三年　十月，獲頒一九五二年度諾貝爾和平獎。
一九五四年　四月，呼籲所有科學家對其人民說明有關氫彈的「可怕真相」。返回歐洲。十一月四日，發表獲頒諾貝爾和平獎致謝演講。第十一次前往蘭巴雷內。
一九五五年　第十二次前往蘭巴雷內。
一九五七年　五月，對全人類呼籲「反對核武」。六月一日，妻子過逝於蘇黎世。第十三次前往蘭巴雷內。
一九五八年　一月二十五，將妻子之骨灰葬於蘭巴雷內。四月二十八日起連續三天，在挪威電台發表三場公開演說，呼籲注意提防核子武器。九月，在瑞典報紙《晨報》發表訴求，要求全球立即停止進行核武測試。
一九五九年　第十四次（最後一次）前往蘭巴雷內。
一九六五年　九十歲生日，全球許多國家皆致上敬意。九月四日，逝世於蘭巴雷內。

# 史懷哲作品一覽表

一八九八年　《尤金・孟許》（*Eugène Munch*），慕爾豪森，上亞爾薩斯區。

一八九九年　《康德的宗教哲學：從純粹理性之批判到純理性範圍內之宗教》，杜賓根。

一九〇〇年　〈十九世紀的哲學與普通教育〉，收錄於《十九世紀——世紀之交的二十四篇文章》，史特拉斯堡。

一九〇一年　《根據十九世紀之學術研究及歷史記載探討聖餐儀式之課題》，杜賓根。

《受難與救世的祕密：耶穌生平素描》，杜賓根。

一九〇五年　《音樂詩人巴哈》，巴黎。

一九〇六年　《德法兩國的管風琴製造藝術及管風琴藝術》，萊比錫。第二版發行於一九〇七年。

《從萊瑪魯斯到雷德：耶穌生平研究史》，杜賓根。一九一三年大幅擴充重新出版，名為《耶穌生平研究史》）。

一九〇八年　《巴哈傳》，萊比錫。

一九〇九年　《國際管風琴製造規約調整》，維也納及萊比錫。

一九一一年　《保羅教義研究史》，杜賓根。

一九一二年　《巴哈的管風琴序曲與賦格——附實用演奏說明之評論版》，卷一：序曲與賦格；卷三／卷四（一九一三年）；卷五：協奏曲與奏鳴曲（一九一四年），紐約。

一九一三年　《對耶穌的精神醫學研究》，杜賓根。

一九二一年　《在水域與叢林之間》，伯恩。一九二五年起亦出版於慕尼黑。

一九二三年　《文明的衰敗與重建——文明的哲學．卷一》，慕尼黑與伯恩。

《文明與倫理——文明的哲學．卷二》，慕尼黑與伯恩。

一九二四年　《基督教與世界宗教》，慕尼黑與伯恩。

《童年與青年時期回憶》，慕尼黑與伯恩。

一九二五年　《蘭巴雷內通訊》第一、二期，慕尼黑與伯恩。

一九二七年　《蘭巴雷內通訊》第三期，慕尼黑與伯恩。

一九二八年　〈白種人與有色人種之關係〉。英文版發表於《當代評論》，紐約。德文版，一九五〇年，哥廷根。

一九二九年　《自述》，特別版，原收錄於《自述中的當代哲學》卷七，萊比錫。

一九三〇年　《使徒保羅的神祕主義》，杜賓根。

一九三一年　《我的生活與思想》，萊比錫。

一九三二年　〈紀念歌德演說〉，演說於一九三二年三月二十二日，慕尼黑。

一九三四年　《現代文明中的宗教》，出於《基督教世紀》十一月二十一日和二十八日號，英文版，紐約。德文版，一九五〇年，哥廷根。

一九三五年　《印度思想家的世界觀：神祕主義與倫理學》，慕尼黑與伯恩。一九六五年擴充再版。

一九三六年　《非洲狩獵故事》，史特拉斯堡。

一九三七年　增印《非洲狩獵故事》部分照片，萊比錫。

一九三八年　《非洲故事》，萊比錫與伯恩。

一九四六年　《非洲日記一九三九～一九四五》，發表於《Universitas》期刊，第八期，十一月。

一九四七年　〈我們文明的處境〉，英文版，《Christian Register》，紐約。德文版，〈史懷哲訪談〉，一九四八年，巴塞爾。

一九四八年　《叢林醫院》，慕尼黑。

一九四九年　〈歌德：三場演說內容〉，慕尼黑。

一九五〇年　〈歌德：四場演說內容〉（三場演說內容之擴增版），慕尼黑。

《哲學與動物保護運動》，自印，根斯巴赫。

《鵜鶘的一生》，漢堡。

一九五一年　《耶穌生平研究史》第六版，增添〈前言〉（特別紀念版），杜賓根。

一九五三年　〈從末世論到非末世論信仰重構過程中的天國理念〉，發表於《瑞士神學展望》，伯恩。

一九五四年　《今日世界的和平問題》，慕尼黑。

《來自蘭巴雷內的信》（集結一九二五年與一九二七年之《蘭巴雷內通訊》重新出版），慕尼黑。

一九五五年　《人類思想發展中的倫理問題》，收錄於《史懷哲——人道主義之天才》，法蘭克福。

《赤道的降雨與好天氣》，海登海姆。

一九五七年　《呼籲人類》，海登海姆。

一九五八年　《和平或核子戰爭》，慕尼黑。

一九六一年　撰寫《人道》，出版於一九六六年，慕尼黑。

一九六三年　撰寫《和平之道在今天》，出版於一九六六年，慕尼黑。

**遺作出版**

一九六六年　《史特拉斯堡布道集》，慕尼黑。

一九六七年　《上帝之國度與基督教》，杜賓根。

一九七四年　《我們該做些什麼？：十二場關於道德問題之布道》，海德堡。

遺作全集，共五冊，海德堡。

**作品集**

一九五〇年　《思想與行為》作品選集，漢堡。

一九五六年　《史懷哲作品》，共十九冊，東京。

一九七一年　作品選集，共五冊，柏林（東）。

一九七四年　作品選集，共五冊（柏林版本授權印刷），蘇黎世與慕尼黑。

國家圖書館出版品預行編目資料

史懷哲自傳：我的生活與思想 / 阿爾伯特・史懷哲（Albert Schweitzer）著；
鐘寶珍 譯. -- 初版. -- 臺北市：商周出版：
城邦文化事業股份有限公司出版：英屬蓋曼群島商家庭傳媒股份有限公司
城邦分公司發行, 民110.01
面：　公分
譯自：Aus meinem Leben und Denken
ISBN 978-986-477-978-9（平裝）
1. 史懷哲（Schweitzer, Albert, 1875-1965）　2.自傳
784.38　　109021447

# 史懷哲自傳：
## 我的生活與思想

原著書名 / Aus meinem Leben und Denken
作者 / 阿爾伯特・史懷哲（Albert Schweitzer）
譯者 / 鐘寶珍
企畫選書 / 林宏濤
責任編輯 / 劉俊甫

版權 / 黃淑敏、劉鎔慈
行銷業務 / 周佑潔、周丹蘋、黃崇華
總編輯 / 楊如玉
總經理 / 彭之琬
事業群總經理 / 黃淑貞
發行人 / 何飛鵬
法律顧問 / 元禾法律事務所　王子文律師
出版 / 商周出版
臺北市中山區民生東路二段141號9樓
電話：(02) 2500-7008 傳眞：(02) 2500-7759
E-mail：bwp.service@cite.com.tw
發行 / 英屬蓋曼群島商家庭傳媒股份有限公司城邦分公司
臺北市中山區民生東路二段141號2樓
書虫客服服務專線：(02) 2500-7718・(02) 2500-7719
24小時傳眞服務：(02) 2500-1990・(02) 2500-1991
服務時間：週一至週五09:30-12:00・13:30-17:00
郵撥帳號：19863813　戶名：書虫股份有限公司
讀者服務信箱E-mail：service@readingclub.com.tw
歡迎光臨城邦讀書花園 網址：www.cite.com.tw
香港發行所 / 城邦（香港）出版集團有限公司
香港灣仔駱克道193號東超商業中心1樓
電話：(852) 2508-6231　傳眞：(852) 2578-9337
E-mail：hkcite@biznetvigator.com
馬新發行所 / 城邦(馬新)出版集團 Cité (M) Sdn. Bhd.
41, Jalan Radin Anum, Bandar Baru Sri Petaling,
57000 Kuala Lumpur, Malaysia
電話：(603) 9057-8822　傳眞：(603) 9057-6622
E-mail：cite@cite.com.my

封面設計 / zzdesign
排版 / 新鑫電腦排版工作室
印刷 / 高典印刷有限公司
經銷商 / 聯合發行股份有限公司
電話：(02) 2917-8022　傳眞：(02) 2911-0053
地址：新北市231新店區寶橋路235巷6弄6號2樓

■2021年（民110）1月28日初版
定價 420元

Printed in Taiwan
城邦讀書花園
www.cite.com.tw


ISBN 978-986-477-978-9

請於此處用膠水黏貼

商周出版

# 讀者回函卡

感謝您購買我們出版的書籍！請費心填寫此回函卡，我們將不定期寄上城邦集團最新的出版訊息。

不定期好禮相贈！
立即加入：商周出版
Facebook 粉絲團

姓名：______________________ 性別：□男 □女

生日：西元__________年__________月__________日

地址：______________________

聯絡電話：______________ 傳真：______________

E-mail：

學歷：□ 1. 小學 □ 2. 國中 □ 3. 高中 □ 4. 大學 □ 5. 研究所以上

職業：□ 1. 學生 □ 2. 軍公教 □ 3. 服務 □ 4. 金融 □ 5. 製造 □ 6. 資訊

□ 7. 傳播 □ 8. 自由業 □ 9. 農漁牧 □ 10. 家管 □ 11. 退休

□ 12. 其他______________

您從何種方式得知本書消息？

□ 1. 書店 □ 2. 網路 □ 3. 報紙 □ 4. 雜誌 □ 5. 廣播 □ 6. 電視

□ 7. 親友推薦 □ 8. 其他______________

您通常以何種方式購書？

□ 1. 書店 □ 2. 網路 □ 3. 傳真訂購 □ 4. 郵局劃撥 □ 5. 其他______

您喜歡閱讀那些類別的書籍？

□ 1. 財經商業 □ 2. 自然科學 □ 3. 歷史 □ 4. 法律 □ 5. 文學

□ 6. 休閒旅遊 □ 7. 小說 □ 8. 人物傳記 □ 9. 生活、勵志 □ 10. 其他

對我們的建議：______________________



請於此處用膠水黏貼